ちくま新書

東京史
——七つのテーマで巨大都市を読み解く

源川真希
Minagawa Masaki

1727

東京史——七つのテーマで巨大都市を読み解く【目次】

プロローグ

†今の都心の姿から考える

東京の多摩地域に住み、同じ多摩にある大学に勤務している筆者は、休日には東京の都心や、隅田川の東側の地域を歩くことが少なくない。健康維持のためでもあるが、自分の研究や授業の材料探しでもある。東京ミッドタウンなど都心に新しくできた街には広場などもあり、こういうところでショッピングや食事をあまりする機会のない筆者のような者でも、いられる空間が存在するのはよいことだ。

それにしても丸の内、大手町あたりに並ぶ高層ビルには圧倒されるし、さらに大規模な再開発が行われる予定の敷地をみると、すさまじい勢いで東京が発展し、これからもますます街の景観が変わっていくことを予想させる。

また隅田川や、江東区を流れるいくつかの河川は、その岸辺が公園として整備されてい

図1　隅田川テラスからみる永代橋（2021年12月）

て、のんびりと散歩したり、静かな川の流れを飽きずに眺めたりしていると、すこぶる気分がよい。中央区の茅場町《かやばちょう》から新川の方に歩いていくと、日本橋川と隅田川が合流するところがある。石川島、佃島《つくだじま》方面を眺められるテラスも大変よい（図1）。

このような形で休日の時間を過ごすのだが、やはり筆者は、同時に以前このあたりはどんなようすだったのか、なぜこのような空間になっているのか、そして昔の痕跡は残っていないだろうか、こんなことをいつも気にしている。

都心区で行われている大規模な再開発によってできた高層ビルのなかには、バブル崩壊がもたらした経済的停滞を克服することを「緊急」の課題として始まった、都市再生事業によるものも少なくない。同時に、世界規模の都市間競争に勝って、外国の金融機関などを呼び込んでいくという産業上の強い要請が、都市空間のあり方を変えている。

また江東区にある小名木川《おなぎ》をはじめ多くの川は、かつて工業地帯であったこの地で、さまざまな物資の運送のルートとなり、土地が低いことから氾濫を繰り返していた。また石川島だけでなく、工場跡地が高層のレジデンスの敷地として活用されている例も多い。都心に整然と立ち並んだ高層ビルや、水辺にそびえ立つマンションと、それらに職と住居をもつ人々は、二一世紀東京の主人公なのであろう。

だが一方では、東京などの大都市とそれ以外の地域、そしてそこに住む人々の間の経済的格差がしばしば問題化する。またそもそも、東京それも二三区を取り上げても、住民の間の格差が存在し、「階級都市」としてその地域的差異が論じられるところである（橋本二〇一一）。

近代東京は、工業化と都市化のなかで、十分な生活の基盤をもたない人々が集まった街であり、「スラム」という形で貧困が可視化されていた。その意味で、産業構造と都市の景観や住民構成のあり方は密接に関連する。今と昔でそのあらわれ方に違いはあっても、である。

さらに巨大都市を維持するには、政府と自治体の行政による対応が不可欠である。近代東京でも、その空間と人々の生活を維持・改善するさまざまな政策が展開されていった。先に紹介した場所を歩いていても、災害や社会問題に必死に取り組んだ痕跡をみつけることができるのだ。

†本書の視点

本書は、巨大都市東京を通して浮かび上がってくる近現代の歴史を、七つのテーマに分けて論じながらたどり、東京の誕生と発展、そしてその過程で生起した問題をみていく。直線的な通史としてではなく、章ごとにテーマを設定して多角的に描き出すことを目指したい。

ここで気をつけたいのは、「東京から」ではなく、あくまでも「東京を通して」歴史が浮かび上がるという点である。わざわざそのような但し書きをつけるのは、次のような思いがあるからである。

すなわち、政治権力の中枢としての「帝都」あるいは「首都」という位置づけが、東京の歴史をみるうえで必要であることは間違いない。とはいえ、特に近年の東京への再一極集中を念頭に置けば、東京からみるという視点が、近現代史を「権力」と「富」の側から眺めるということになるのではないか、こんな危惧があるからである。

東京が「権力」と「富」の集中する場であったから人々が集まり、「東京」という表象が常に魅力的に受け止められたことも事実である。とはいえ、輝かしい都市のイメージが人為的につくられ発信されることで、経済が動き文化が創出され、それが地価を上昇させるという現実がある。

また「権力」と「富」の集中の一方で、解決されなければならない問題が次々と沸き起こり、それに息切れをしながら対応してきたのも、近現代の東京の姿であった。さらにいえば、「権力」は時に「富」とは対極にある者に対する救済を展開することで、その支配の正当性を獲得する。

こうした視点は、日本近現代史の分野では、都市専門官僚制論という形で、関一《せきはじめ》が助役（一九一四〔大正三〕年就任）、市長（一九二三年就任）を務めた時期の大正・昭和初期の大阪市の行政を念頭に置きながら提示されてきた。

明治期から大正期にかけて、大阪市政では、地域有力者間で選挙により選ばれる候補者を決めて市会に送り出す、予選《よせん》体制が機能した。だが特に第一次世界大戦の頃から、都市問題・社会問題の深刻化によって、都市のテクノクラートがその解決策を生み出して、有力者秩序の支配下にある市会を超えて対応をしていく事例が示された（原田一九九七、小路田一九九〇、芝村一九八九）。

大阪市政のイメージが、果たして市会の行政への影響力が強い東京市などの大都市で、一般的にあてはまる枠組であるかどうかは批判的意見もある（櫻井二〇〇三、杉本二〇一五）。

ただし特に第一次世界大戦後の、社会政策を中心とした分野では、一般的に代議機関より行政が主導的な役割を演じるのであって、都市専門官僚制論の提起した問題は、東京の近現代を考えるうえでも有効であると考えている。そして、「富」をもたない人々への政策は、戦後の地方自治制度のもとでも重要な争点となっていったのである。

†本書で取り上げること

以上のような政治史的な理解を前提としながらも、本書はむしろ、社会のありように焦点を合わせて論じることが中心となる。以下、章ごとに簡単な概要を示しておきたいが、関心のあるところから読み進めていただいて構わない。

まず明治維新によって誕生した「帝都」東京は、今日までの約一五〇年間、破壊と再生を繰り返しながらダイナミックに発展してきた。関東大震災、太平洋戦争における空爆などを経て、東京の都市圏は鉄道網などインフラの拡大とともに東西に拡大していく。第1章では、震災や戦災で東京の都市計画がどのように変わったかを論じる。また上野公園、臨海副都心の形成などにふれる。

第2章では、首都圏が誕生し、拡大していくようすを、鉄道や道路、かつて都民の足だった路面電車などを中心とする、都市インフラの発展とともにみていきたい。そして「帝都」「首都」という概念で呼ばれた東京を多角的にみていく。

また、東京という街に実際に生活する人々も、この巨大都市を構成する大切な要素である。第3章では、人々の生活に焦点をあて、都市における民衆の生活や、貧困への対応などについて論じる。

一方で、東京の自治制度も、はじめから現在のような形で備わっていたわけではなかった。府知事や市長、そして都知事など、東京の自治を担う主体や制度も時代を追って変化してきた。こうした政治・行政を担うプレイヤーたちによって、首都はいかに構想され、発展してきたのだろうか。第4章では、首都機能、自治がどのような変遷をたどったかをみていく。

そして東京の工業都市化と脱工業化、あるいは繁華街としての発展、労働者たちの街、生活に欠かせない下水などに対応するインフラについても言及する。それにより、「階級都市」・労働者の都市としての東京の側面も描き出す。そのため第5章では、東京の工業化の歴史と空間的な展開、また工業化に伴いどのような問題が生じたのか、産業構造の転換は東京にいかなる変貌をもたらしたかを論じる。

第6章では、浅草、銀座を中心とする繁華街など、文化的な特色をもった街の歴史やいくつかのイヴェントにふれる。その際、あくまでも社会経済的な背景を念頭にみていきたい。最後に第7章では、第6章と同じような社会経済的な視点をもちながら、丸ビルや東京タワーなどにふれつつ、高いところと低いところという観点で、東京の近現代を論じたい。

以上の問題を扱うにあたっては、さまざまな分野で行われてきた先学の研究の助けを借りざるを得ない。

江戸にしても東京にしても、昔から歴史学研究の対象として取り上げられてきた。とはいえ、日本近現代史の研究は、長く農村の分析を主な対象としてきたことは間違いないのであって、だいたい一九九〇年代に入って「都市史」という分野が急速に存在感を増したのである。ここでは、東京に関わるこれまでの都市史研究成果をも使わせていただきながら、各テーマに即した叙述を行っていきたい。

＊

本書の巻末には、年表をつけてある。すべての章において、基本的に古い時代から現在に近いところまで叙述するというスタイルをとっているため、どの時代の話なのか、わかりにくいかもしれない。そのため時代を概観できる程度の簡潔なものだが、年表を作成した。

なお参考文献や資料は、巻末の参考文献一覧に記載し、先行研究を明確にする必要に応じて、本文にカッコをつけて示してある。また本書に出てくる場所、建造物や風景などの写真については、近年のインターネットの情報で容易にみられるようになっている。情報の信頼性などの観点からは、巻末の参考文献に示したウェブサイトがあるので適宜ご参照いただきたいと考える。

そのため、本書では著名な建造物や風景などよりも、本文の叙述に即して重要だと筆者が感じているものの写真を掲げた。それらは人知れず、ひっそりと残るモニュメントなどであり、あまりにもマニアックだと思われるものもあるかもしれない。なお、特に出典などの記載がない最近の写真は、筆者の撮影によるものである。

また本書に出てくる用語などには、同時代的に使用されたものもある。そしてそれは、差別的なニュアンスをも含んでいる場合もある。それらの用語について、あくまでも学術的な叙述の必要性から、使用している場合があることをお断りしておく。

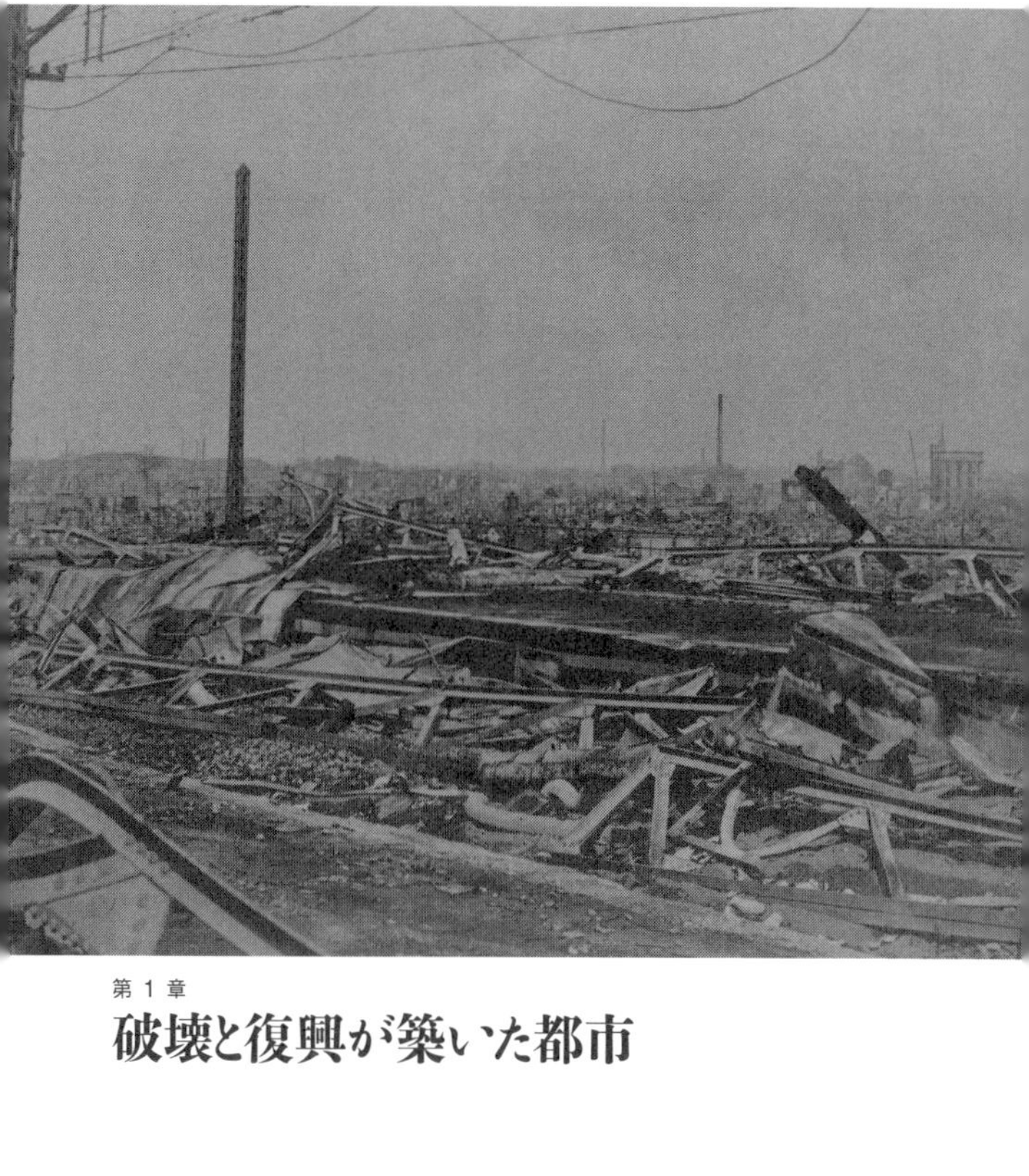

第 1 章

破壊と復興が築いた都市

関東大震災時の東京。神田駅より本所方向を撮影(©Aflo)

†戊辰戦争と近代の始まり

「破壊と復興が築いた都市」という言い方は、東日本大震災などによって家族や生活を奪われた人々、同じく災害や戦争の被害に苦しむ国内のみならず世界の人々に対して配慮のない表現だといわれかねない。とはいえ東京史を描く際には、多くの犠牲のうえに現在の街並みがあることを意識し、必ずやって来る災害に備える心構えをもつということも求められる。そんな思いもあり、あえてこのような表現を使うこととした。

近世の末から近代にかけて、江戸・東京は政局の動乱のみならず、安政の大地震など自然災害による被害を受け、さらに新政府軍と幕府側旧勢力との内戦によって、部分的なものとはいえ、戦争の爪痕を残すこととなった。破壊と復興という意味での東京史の始点は、この時期であろう。

徳川慶喜《とくがわよしのぶ》は、新政府軍に対する抵抗を続けたものの、一八六八（明治元）年四月に江戸城は無血開城された。以後、新政府軍は東北諸藩を打ち破り、翌年には函館の旧幕府海軍を追討して内戦は終結する。この間、江戸では江戸城が明け渡されたのちにも、旧幕臣《ばくしん》などの抵抗は続き、一八六八年五月、上野を拠点として彰義隊《しょうぎたい》と東征軍との戦闘に発展したのである。

寛永寺大慈院《かんえいじだいじいん》に謹慎した慶喜の警護を名目として入った一橋家の家臣らは、この上野を拠点に抵抗を試みた。対する大総督府は、寛永寺正面の黒門口、谷中《やなか》方面、さらに不忍池《しのばずのいけ》を越えた本郷方面から彰義隊と対峙し、わずかな時間でこれを制圧した（保谷二〇〇七、浅川二〇二〇a、b）。

この戦争で寛永寺境内をはじめ、周辺の伽藍《がらん》は焼き尽くされてしまった。彰義隊が敗走しつつも東征軍との戦闘は続き、寺院や商家などが焼かれ、また銃撃のために損傷した。

上野の山は江戸時代から桜の名所として知られ、不忍池も蓮《はす》が浮かぶ行楽地であった（小林一九八〇）。しかしこの戦争で寛永寺境内が焼け落ち、一時は閉鎖された。のち上野山は、その中心地のかなりの部分が文部省用地として利用され、また東京府が公園を整備することになり、一八七三年上野公園が開園する。

両軍が戦闘を交えた場所では、寺院などに弾痕や、のちになって建設された戦争に関わる墓所・碑が残っている。こうして東京の近代が始まる。

†最初の本格的な都市計画

近代都市東京の街は、どのようにつくられたのか。これについては、都市計画史の分野での研究が著しく進んでいる（藤森一九八二、石田二〇〇四）。それらによって概略を述べていきたい。

維新後、東京の一部に近代的な、あるいは西洋風の都市をつくる試みが始まった。幕末から維新期の混乱のなかで、東京府知事の大木《おおき》喬任《たかとう》は、旧大名・幕府旗本の邸宅などを畑にし、桑や茶を植え付ける政策をとった。しかしこれはわずか二年ほどで打ち切られた。

この時期の都市開発のようすをみると、一八六九（明治二）年に築地《つきじ》に居留地《きょりゅうち》がつくられ、一八七二年に新橋・横浜間に鉄道が開通するなどの進展がみられたことがわかる。この時、田町から品川のあたりでは海上に線路を敷設した。そして、最近行われている品川駅改良工事の際に、この高輪《たかなわ》築堤の遺構が発見されたのである。

銀座は近世以来の商業地であったが、一八七二年二月、大火によって大きな被害が出た。そして、その復興は煉瓦街《れんががい》の建設という形で進んでいく。すでに先にふれた鉄道建設が始まっており、銀座は新橋で降りた人々が必ず通る場所であった。

こうしてイギリス人ウォートルスの設計による街路計画、道路の拡幅と歩道設置、家屋の煉瓦造り化、ガス灯の設置などが計画された。当初の計画どおりにはいかなかったが、一八七七年五月には道路整備を含めて完了した。ここに建設された煉瓦造り、石造りの建物は九〇〇棟以上であったというから、壮観なものだったに違いない。

以上は、現在の中央区築地、銀座付近の、ごく限られた地域の都市近代化であるといってよい。そして東京の比較的広い地域を対象とした、本格的な都市計画が立案されたのは、一八八二年芳川顕正《よしかわあきまさ》知事のもとである。

芳川は市区改正意見書を作成し、一八八四年に山県有朋《やまがたありとも》内務卿《ないむきょう》に上申し、山県は内務省に市区改正審査会を設置した。そこでの審議を経て大幅な改訂をして市区改正審査会案が作成された。そしてこれと並んで検討されていた品川築港案とともに内務卿に提出、さらに太政官《だじょうかん》に上申された。

しかし当時、井上馨《いのうえかおる》外務卿《がいむきょう》による、官庁集中計画が立案されていた。これは、条約改正を念頭に置いて霞が関に近代的な官庁街を創出する計画であったが、市区改正案と対立するプランとなり、結局のところ市区改正案は棚上げにされてしまう。

だが井上の条約改正の試みは破綻し、一八八八年に市区改正の審議が再開する。その時、築港案は横浜の反対があって削除されたのだが、のちにみるように港をめぐる横浜と東京の関係は、対立に発展することもあった。

市区改正案を審議した元老院は、不要不急の事業だと決めつけて否決するのだが、山県は原案実現を内閣に求め、同年八月に勅令《ちょくれい》として決定した。こうして市区改正案は、当初の計画より縮小したものの、一八八九年五月に公示されたのである。こうして皇居の周辺に政治・経済機能を集中させ、道路整備、鉄道敷設、運河開削、公園・市場・火葬場・墓地の設置、さらに上水道整備などからなる本格的都市計画が展開した。

市区改正事業は、当初から限られた財源のもとで行われざるを得ず、また一九〇三年には計画自体が縮小されてしまう。そのなかでも、丸の内や日比谷における道路整備、日本橋付近の整備などは積極的に取り組まれた。市区改正事業は、一九一四（大正三）年に一応完了し、都心の整備事業に一区切りつけたのである。

†都市計画が直面する社会

都市計画は社会にどう向き合ったか？

都市づくりとは単に道を広げたり、公園をつくったりする行為ではない。そこに生活する人々の利害と、時にはぶつかるものであるし、また為政者が住む人を選別することだってある。それは明治の初期からみられたことである。

市区改正事業の計画と実施においては、当然ながら大多数を占める一般住民の利害と、どのように向き合うかということも焦点となった。これまでの市区改正事業の研究も、事業の展開と社会との関係を考察してきたことには、あらためて注目したい。

藤森照信《ふじもりてるのぶ》は、明治期東京の市街地開発に伴う「スラム・クリアランス」に注目している。例えば一八八〇（明治一三）年に松田《まつだ》道之《みちゆき》知事のもとで策定され、結局は陽の目をみることなく終わった「東京中央市区画定之問題」というプランは、中心街に富者を入れ、貧しい者を追い出す案を含んでいた。裏店には「無頼《ぶらい》の徒」が集まり、粗末な家屋が火災の原因となり、接近した井戸と便所が不衛生を招く、というのである。

これに対して田口卯吉《たぐちうきち》が「社会の組織たる貧富相寄るを以て両者の便」となるとの批判を展開した。つまり富者の生活や生業も、さまざまな労働力を必要とするから、富者の近辺に貧民がいるのは好都合だというわけである。まさに功利主義的発想であった。

同じ頃、田口は税による貧民の救助には反対していた。貧民には富裕者による施《ほどこ》しと、近隣同士のあわれみという、「社会の仁愛心《じんあいしん》」によって対応するべきだという考えであった（河野二〇一三）。これが階級間の住み分けを批判する、田口の論理であった。

また都市計画が社会に対していかに向きあったか、という点からすると、芳川顕正が市区改正意見書のなかで述べた「道路橋梁《きょうりょう》及河川ハ本ナリ水道家屋下水ハ末ナリ」という言葉が重要だ。

これについては、研究者や行政担当者の間で、解釈をめぐる意見の相違が存在した。一方では、産業のため道路・橋梁などを「本」と考える経済優先の発想があり、また水道・家屋・下水など生活基盤の整備は、「末」すなわち後回しにされたとの解釈があった。他方では、これは行政の優先順位をいいあらわしたに過ぎないのであって、芳川は決して生活基盤整備を軽視したとはいえないとの解釈もある。

前者の見解は、高度経済成長期においても、東京の下水道普及をはじめとした生活基盤整備が進まないなかで、当時の都政を批判する言説として使われたものと思われる。それに対して、東京都の下水道行政担当者や、都市計画研究者の間には、行政側は決して下水道を軽視したわけではない、との解釈がみられた。

また実際には市区改正事業のなかで上水道は重視され、むしろ橋梁や河川の整備は、計画を大きく下回った。これらの事業が進まなかった理由として、伝染病や大火への対応、その他に予算を割かなくてはいけないという、当時の事情があったといわれる（石田二〇〇四）。

†災害の克服を目指す――荒川放水路の整備

現代の私たちも、災害の恐ろしさをしばしば痛感している。インフラ整備の面で、まだまだ十分ではない明治期においては、火災・台風・地震などの災害は、人々の生活に大きな影響をもたらした。明治期の都市整備は、しばしば火災を契機として行われた。また地震についていえば、濃尾《のうび》大地震から三年ほど経った一八九四（明治二七）年六月の地震は、安政の大地震以来の強震であり、東京では死者が出た（『東京百年史』第三巻）。

そして水害は、第二次世界大戦後に至っても、しばしば東京の中心部に被害をもたらした。明治期においては、台風によって利根川、荒川などで大規模な洪水が発生した。ここでいう荒川とは、現在の隅田川の上流のことを示している。このあたりは一八八〇～一九〇〇年代に何度か水害に見舞われているが、特に一九一〇年の大水害（明治四三年水害）は、極めて大きな被害を出した。この時は、荒川、利根川、多摩川、それに東京市内の河川でも大きな被害が出ていた。

先にわざわざ荒川の場所を限定したが、この一九一〇年の大水害の後、現在の荒川、つまり荒川放水路を開削《かいさく》する事業が行われたのである。隅田川上流である荒川が氾濫すると、東京府だけではなく、その上流に位置する埼玉県でも大きな被害が出た。というよりも埼玉県側は、荒川の下流である隅田川の沿岸に工場が建設されるため、沿岸の低地が埋め立てられてしまったこと、あるいは東京府北豊島郡の荒川沿岸で耕地整理と盛り土が行われたことが、上流である埼玉県域で水があふれる原因であるとした（『荒川下流誌　本編』）。

一九〇七年に発生した水害の後で埼玉県会は、東京での河岸埋め立てなどをやめさせるように、内務大臣に建議を出している。しかし、これより下流に位置する東京府側は、水害防止のため河岸の埋め立てや築堤をいっそう進めようとするのだから、ますます利害は対立するわけである。

一九一〇年の大水害の後、臨時治水調査会が設置され、全国で河川改修が計画された。荒川に放水路を設ける構想は以前から存在したが、一九一一年度から一〇年間（のちに延長）の事業として開削が始まった。現在の荒川は、水害防止の切実な声のなかでつくられたのだ。

そして、工事のため土地買収と家屋、電柱、埋設したガス管などの移転も行われた。工事の対象地域に広い境内地を有していた浄光寺《じょうこうじ》（木下川薬師《きねがわやくし》）も、移転を余儀なくされた。もともとは現在の墨田区側、つまり東京市に近い方に移転する希望があったが、内務省は代替地がみつからないとして東側（現在の葛飾区《かつしか》）の中川の北側に移転せざるをえなかった。

放水路をつくるための掘削《くっさく》作業では機械も用いられたが、初期の工事段階では、かなりの部分を人力で実施したという。新しく大きな川ができるわけだから、それによって分断される町や村もあった。また綾瀬川、中川も分断される。中川は放水路の東西ではっきりと分けられた。荒川下流改修工事が竣工《しゅんこう》したのは、関東大震災からの復興が一段落した一九三〇（昭和五）年のことであった。

†関東大震災と復興

「破壊と復興が築いた都市」という点からみると、関東大震災からの復興こそ、東京、特に都心部のその後の姿をつくったものとして、極めて重要である。

一九二三（大正一二）年九月一日に、相模湾を震源とするマグニチュード七・九の大地震が発生した。お昼時であったこともあって多くの場所で火災が発生し、東京市内で三〇万戸以上の家屋が全焼した。特に東京市の中心部である日本橋区、神田区、浅草区、本所《ほんじょ》区などでは九割以上に達したという。また家屋の倒壊・損傷も激しかった。横浜市などにも大きな被害が出た他、関東地方の各県に被害があった。

地震発生後、両国の隅田川近くにある陸軍被服廠《ひふくしょう》跡地（現在、横網《よこあみ》公園となっている）は、荷物を抱えた人々であふれた。広大な敷地をもつため、ここに逃げれば安心であると考えるのが普通であっただろう。しかし広範囲に及ぶ火災のために、付近で竜巻が発生し、ここで多数の犠牲者を出したのである。この震災での犠牲者は、当時の推計で九万人以上であり、その多くが火災によるものだった。また震災によるパニックを背景に、朝鮮人や中国人に対する虐殺・暴行も発生した。

この時期は、ちょうど加藤友三郎《かとうともさぶろう》内閣が総辞職した頃であった。一九二三年九月二日には、第二次山本権兵衛《やまもとごんべえ》内閣が誕生した。そして、まだまだ火災が広がっているなかで、震災復興についての議論も始まった。内務大臣として陣頭指揮にあたったのは後藤新平《ごとうしんぺい》であった。彼は「帝都復興ノ議」を作成し、閣議に提案した。そこでは政府に機関を設置して、帝都復興のための審議会の議論をふまえて国費を使いながら復興を行うことが提起された。また政府が土地を買収して、整理のうえ売却・貸し付けを行うというのが基本的な考えであった（越沢一九九一a）。

政府による復興事業は、次のように行われた。まず区画整理の実施である。整理対象の地区を分けて、その各ブロックで作業を進めていった。だが道路の拡幅や公共施設を建設するため、住んでいる場所をあけ渡して移転を行わなければならない住民もいて、反対の動きも少なくなかった。

東京市、そしてそれとは別に活動した民間団体である東京市政調査会が、区画整理についての説明を粘り強く行って事業を進めていったのである。また復興事業においては、道路の拡幅、公園や市場の設置、橋梁の架け替え、港湾整備などが大規模に行われた。復興事業によってつくられた橋、例えば隅田川にかかる清洲《きよす》橋には「昭和三年三月　復興局建造」という銘板がみられる。その他、隅田川沿いの思いがけない場所に、復興を記念したモニュメントを見出すことができる。

また幹線道路が五二本つくられ、並木や歩道も整備された。その他、東京市が補助線街路の整備などを担い、また鉄筋コンクリートによる小学校校舎と、その小学校脇の公園の整備にもあたった。橋梁だけではなく、これらの道路や公園が、その後、多くの人々に利

図2　復興事業の成果である昭和通。永代通との交差点
（*The reconstruction of Tokyo*, 1930 より）

用されてきたことを思うと、この事業の歴史的意義があらためて認識される。

政府を主体とした震災復興事業は、一九三〇（昭和五）年まで行われ、同年三月には帝都復興祭が実施された。この頃には復興事業に基づく都心の主要な道路、橋梁、公園などが完成する。さらにこの復興事業とは基本的に別だが、この時期の都心には、新しく鉄筋コンクリートのビルなどが建設された。こうして、東京はモダンな街になっていく（図2）。

公園は誰のためか？

震災復興事業の過程で、先のようなインフラ整備が行われたが、公園もその成果の一つであった。国による事業であった錦糸、隅田、浜町公園の他、東京市が主体となって五二の小公園が整備された。これらの小公園は先にふれた通り、小学校と併設された。

この小公園整備には、東京市公園課の井下清《いのしたきよし》という人物が関わっていた。井下は東京市の公園行政、葬祭《そうさい》行政の中心的な担い手であった。彼は、井の頭《いのかしら》公園、猿江恩賜《さるえおんし》公園などの整備、多磨霊園の設立、市営火葬場の設立なども手掛けていたのである（進士二〇〇八）。

小公園の整備に関して、井下は震災復興事業を行う以前から、市内に小公園を配置し、かつこれにさまざまな社会的意味を付与していたことを指摘したい。井下によれば、公園とは民衆の憩《いこ》いの場であり、同時に保健事業、社会事業、教育事業の機能を果たすものでもあった（「都市と公園」一九二一年）。

児童にとって公園は遊戯の場であるから、公設の児童公園を設けるべきであると彼は主張した（「公設の児童公園」一九二〇年）。そして、単に遊びの場を提供するだけではなく、必ず児童に対する指導監督が必要であるとも述べた。監督なき遊戯は悪習慣をつくるといい、遊びによって児童を規律化するという構想であった。震災復興期にも小公園での児童の訓練が主張され（「小公園より児童遊園へ」一九二八年）、実際に日比谷公園には児童指導員を置いて、遊戯の指導にあたらせた。

井下の構想において、公園は社会的訓練の場であったが、同時に競争社会のもとにある都市の陰惨な欠陥を緩和し、人々の健康を退廃から救う設備でもあった。さらにここは、さまざまな社会構成員が利用する場である。「ルンペン」（当時の用語であり、ホームレスの人々を指す）も当然、公園の利用者として想定されていた。公園は彼らにとって、他の人々と等しく生を享楽することのできる唯一の場であった。だから来園者は彼らを見逃して、彼らと共存をはかるべきであるという（「公園とルンペン」一九三二年）。井下によれば、日本橋区（現在は中央区）にある、常盤《ときわ》小学校脇の小公園には、彼らが休養をとる場と、飲用水栓を設置したとされる（図3）。

図3　常盤公園（中央区日本橋本石町）。奥は常盤小学校。復興建築による校舎（2022年7月）

一九二八（昭和三）年に井下は、公園というものが「争闘《そうとう》社会」（競争社会という意味であると理解しておく）における生存をめぐる争いを緩和し、ここでこそ自由と平等が実現されると述べた。そしてその構想がうまくいけば、社会は変容していくと唱えた。彼の未来社会像をみてみよう。

井下は、一〇〇年後の二〇二八年においては、乳児死亡率低下により平均寿命は八〇歳を超え、人々は娯楽以外に会合する必要はなくなっていると想像した。また太陽熱による自動車が普及し、地下鉄も不要となっている。

そして、この時期にはすでに競争社会は解消しているがゆえに、公園もその役割を変化させているという（「百年後に公園はなくなる」一九二八年）。これは、自由と平等を実現するという公園の機能によるのだろう。

もちろん二〇二〇年代に生きるわれわれの目からみると、井下の予想は部分的にあたっているが、競争社会は解消していない。井下の主張する意味での公園の役割は、まだまだ変わることはないといえるだろう。

都市に葬る

公園の話が出たので、関連して都市の墓地と葬祭をめぐる空間について、みておこう。井下は、現在の多磨霊園を設置した中心人物でもあった。明治初期には、神道の国教化とあいまって神葬祭《しんそうさい》が行われるようになり、一八七三（明治六）年に火葬と東京の市街地（朱《しゅ》引内《びきない》）への埋葬も禁止された。だが都心で利用できる墓地には限りがあり、二年ほどで火葬は解禁となる。

こうして東京市周辺に、火葬場と共葬墓地がつくられていく。市街地にある青山墓地、谷中墓地の他、いくつかの墓地が設けられたが、東京市の人口増加に伴い、郊外に「公園墓地」を設置する計画が作成された。この仕事を担ったのが、井下である。

この計画によってつくられたのが、一九二三(大正一二)年に供用開始となる多磨墓地であった。多磨墓地は一九三五(昭和一〇)年に多磨霊園となるが、もともとこの近くを通っていた京王電気軌道だけではなく、多摩鉄道がそれぞれ最寄りの駅を設置することとなる。中央本線の武蔵小金井駅からもバスが走った(石居二〇一三)。井下は従来の日本における習俗をふまえつつも、欧米の墓地の形も取り入れながら「公園墓地」を構想したのである。

他方、東京市は一九三八年に市営の瑞江《みずえ》葬儀所を設立した。東京では、もともと民間の博善社が葬儀の事業を主に担っていたが、東京市社会局が社会政策的観点から、市民のうち中産階級以下を対象としたものとして公営の葬儀所を計画した。他方で公園課の方でも衛生と公園行政の観点から設置を検討していた。その背景には、有産者と無産者間の葬儀の質を均等にしたいという井下の考えもあったという(本間二〇〇六)。

結局のところ市営葬儀所の設置は、公園課によって担われていく。「都市に葬る」というトピックを考えると、空間的な問題だけではなく、都市社会の構造についても目を向けなくてはいけなくなるのだ。

†緑地はいかにつくられたか？

また都市インフラとして重要な緑地について述べておこう。緑地の整備は広域の都市計画の観点から行われたが、戦争の時代に向かうなかで、防空という目的が付け加わりながら促進された。その意味で、時代状況にも規定された存在だ。

都市の周辺に緑地帯をつくる発想は、一九二四（大正一三）年にアムステルダムで開かれた世界都市計画会議の決議によるものだといわれる。東京に関していえば、市域拡張を行った一九三二（昭和七）年一〇月に、都市計画東京地方委員会に東京緑地計画協議会が置かれた。以後、この協議会で内務省・東京府・東京市・近隣県などの関係者と専門家が緑地の設置について議論し、緑地は普通緑地、生産緑地それに準緑地に分けられた。普通緑地というのは、公衆慰楽《こうしゅういらく》の目的のため国と公共団体が経営する公園をはじめ、墓苑《ぼえん》、公開緑地、共用緑地、遊園地が入るものとされたのである。

のち一九三九年には、東京緑地計画の一環として環状緑地帯計画が決定された（真田二〇〇三）。この計画は、東京市の空間的な膨張を抑え、また都市近郊の行楽地を提供するものであった。一九三九年といえば、日中戦争の泥沼化で国家総動員体制が構築されていく時期である。これを背景として緑地帯構想は、時代の要請である防空という目的も加味されながら展開していった。

先に計画された緑地は、実際にはいわゆる紀元二千六百年記念事業の一環として、防空を名目に整備されていくのである（越沢一九九一b）。これが砧《きぬた》、神代《じんだい》、小金井、舎人《とねり》、水元《みずもと》、篠崎の緑地であった。

砧大緑地の場合、一九四〇年、四一年に用地を買収し、学校生徒による勤労報国隊を組織して造成が行われた（石内一九八一）。戦争が激化すると緑地には食糧増産のための農園、それに防空壕が設けられた。そして、第二次世界大戦後においては、先のいずれの緑地も農地改革の対象となった。その後つくられた公園（砧公園、小金井公園、神代植物公園など）は、解放の対象となった土地を買い戻しながら整備された。

都市の環境保持という観点からすると、敗戦後も緑地のままにしておけばよかっただろう。なぜ農民への農地解放を行ったのか。沼尻晃伸《ぬまじりあきのぶ》によると、一つは敗戦後も深刻な食糧難に見舞われていたので、食糧増産の緊急性という理由があった。またもう一つは、戦時に行われた用地買収が、事実上強制的なものだったという認識があり、その解放が求められたのだという（沼尻二〇〇二）。

緑地の造成自体は震災復興事業ではないが、これと同じ時期に計画され実現したインフラであり、その多くが現在も人々に利用されているという点でも共通性がある。

†空襲の本格化のなかで

「破壊と復興が築いた都市」ということからいえば、戦争による被害は、震災によるそれと同じくらい重要なことだ。

東京都心が、太平洋戦争末期の空襲で壊滅的打撃を与えられたことを知っていると、敗戦後の写真のなかで、焼け跡にポツンと立っているビルが今日いまだに使われていることに驚きを感じるのではないだろうか。また、戦前から戦火をくぐって生き延びているビルや、空襲にさらされても、まさに偶然としかいえないような形で残っている古い木造の家からなる町並みが少なからずあるというのは、信じがたいかもしれない。しかし、それは実際に存在するのである。

東京は一九四四（昭和一九）年末から翌年夏に敗戦を迎えるまで、何度かにわたって米軍機による空襲を受け、市街地の多くの部分が焼失した。こうした空襲被害は、東京だけではなく全国の大都市が受けたのであり、また敗戦が近づく時期には中小都市も攻撃の標的となった。

例えば八王子市は、一九四五年八月二日未明に大規模な空襲に見舞われ、現在のＪＲ八王子駅を中心とした旧市街地が壊滅的な打撃を受けた。昭和天皇と戦争指導部がポツダム宣言の受諾をためらっているうちに、広島、長崎への原爆投下をはじめ、広範な地域への空襲によって失われたものは実に大きい。

一九四五年三月九日から一〇日にかけて、東京の都心にはB29による大規模な空襲があり、一〇万人以上が亡くなった。一九四四年一一月から始まった東京への空襲は、当初は高高度からの工場などに対する精密爆撃が主であったが、この三月一〇日の大空襲にみられるような、低空で焼夷弾《しょういだん》をばらまく方式に変わっていった。

日本家屋の構造を研究しながら、特殊な加工を施された米軍の焼夷弾は、極めて大きな効果をあげた。しかしその一方で、日本は、すでに日中戦争において、中国の蔣介石《しょうかいせき》政権の拠点であった重慶《じゅうけい》に対する無差別爆撃を繰り返し行っていた。さかのぼれば、満洲事変の過程で、すでに日本軍は錦州《きんしゅう》への空爆を敢行しており、日本は都市の無差別爆撃の加害者でもあったことは、あえて述べておかねばならない。

日中戦争長期化のなかで日本国内でも、空襲を想定した研究が行われ、防火改修を進めることが計画された。また鉄筋コンクリートによる不燃化を主張する建築学者もいたが、資金・資材・労働力の不足から防火改修すら十分にできなかった（青木二〇二一）。他方、空襲に備えて隣組を単位とした防空演習が繰り返し行われたが、太平洋戦争末期の実際の空襲は、日本側の想定をはるかに超えたものだった。

†戦火をくぐり抜けた街並みを求めて

こうして都心の家屋の多くが焼夷弾で焼き払われた。とはいえ、都心に対する空襲の被害を実際に検討してみると、広範囲に焼失した地域の、ある区画だけが焼け残るという事例が少なくないことに気づく。それに鉄筋コンクリートでつくられた建物のなかには、敗戦後も残って使用されるものが数多くあった（図4）。

さてこの写真は、一九四五（昭和二〇）年の敗戦直後に占領軍のカメラによって、東京市日本橋区あたりから本所区、深川区（以上は順に、現中央区、墨田区、江東区）方面を写したものである。あまりに有名な写真であり、読者の皆さんは、どこかでご覧になったことがあるのではないだろうか。上方に流れる川は隅田川であり、右手の方の川沿いに浜町公園がみえる。その下には久松小学校の鉄筋コンクリートの校舎がある。

またこの写真には、現在も使用されているビルが写っている。拡大した部分には、ビルが二つ重なっているのだが、これは現在の都営新宿線馬喰横山《ばくろよこやま》駅を出たところにある。また写真の真ん中より右下の方にも、戦前は銀行として使われていたビルがあり、現在も美しい外観を保ちながら使用されている。

その他にも、写真内には空襲を生き残ったビルが確認でき、筆者のみるところ合計四棟である。また、この写真には写っていないが、写真から外れた左の方に、イーグルビルがある。この一階では現在、カフェが営まれているが、東京大空襲の際、地下室などに多くの人が避難して難を逃れた場所だという（有賀一九五二）。

図４　東京市日本橋区あたりの空襲のあと

空襲にもかかわらず、木造家屋が密集する区画が部分的に焼かれずに残存できた例もある。それは、震災復興事業の区画整理や道路の拡幅の成果といえるかもしれない。実は先の写真に写っている場所のさらに右下の方には、木造の家屋が広がっている区域があるはずである。ここには、おそらく震災復興期に建てられたと思われる木造の住宅がいくつかある。また水天宮《すいてんぐう》通りに挟まれた日本橋人形町一丁目、二丁目の一角には、やはり戦前からのものと思われる木造の家屋が並ぶ路地も存在する。

さらに馬喰横山付近から浅草橋を越え、秋葉原方面に少し寄りながら北上したところに台東区鳥越《とりごえ》がある。特に現在の「おかず市場」付近では、戦前からの木造家屋を含む街並みが広がっている。その他、神田神保町の古書店街なども震災復興期の建築物が店舗として使われているが、次第に建て替えが進み、失われていくのは寂しい。ビルに建て替えるのであっても、もとのファサードと古書店街の雰囲気をできるだけ残すような工夫が、できないものであろうか。

†うまくいかなかった戦後の復興計画

戦争が終わり、街並みの再建が課題となる。東京都では都市計画家の石川栄耀《いしかわひであき》を中心に復興計画が策定され、震災復興事業に続く大規模な改造が計画された。土地区画整理、街路の整備、公園や緑地整備などが都市計画決定をみたが、その計画の大半は実行されていない（越沢一九九一a）。敗戦後の東京都は、財政の逼迫《ひっぱく》のなかで、土木事業、産業活性化のための中小商工業への融資、住宅政策、失業対策、社会福祉政策など多くの課題を抱えていたことも、戦災復興に手が付かなかった理由であろう。

計画された二万ヘクタール近い区画整理対象区域は、その後大幅に縮小され、山手線、京浜東北線、総武線駅前地区の整備がある程度行われたに過ぎなかった。そして、この時代に東京都が力を入れざるを得なかったのは、空襲の被害などで発生した瓦礫《がれき》の山を、都心の河川に投げ込んで処分する事業であった。また駅前などの繁華街に続々と誕生した、生活必需品を売る露店《ろてん》をいかに整理するか、ということも行政の課題であった。GHQは、一九五〇（昭和二五）年三月末までに露店を一掃する命令を出した。露店側は反対運動を行うが、のちにその代替地を求めつつ、営業活動の整理を進めていかざるを得なかった。

例えば渋谷の場合、敗戦後に道玄坂《どうげんざか》を中心に飲食店などの露店が立ち並んだ。これらを経営する人々は、露店商組合を結成して行政との交渉にあたった。露店のうち、飲食店は渋谷駅の北側、現在の「のんべい横丁」に移ったが、物品販売店は渋谷に代替地がなく、横浜の野毛《のげ》に出店地を獲得したという。その後、東急との交渉によって、地下街で営業を行うことになり、一九五七年に渋谷地下街（「しぶちか」）が誕生したのである（渋谷学研究会二〇一四）。

その他、「ヤミ市」とも呼ばれた敗戦後の駅前のようすは、のちに述べたい。

†東京オリンピックと都市改造

戦後の根本的な都市改造の機会は敗戦直後に訪れたが、関東大震災の復興計画がうまくいかない一方で、戦争末期に破壊された街の再建は進み、都心から分散した人口も次第に回復していった。こうして無秩序に都市化が進むのだが、これをいかに秩序づけるかは悩ましい問題であった。

一九五〇（昭和二五）年に首都建設法が制定され、東京における道路整備、住宅建設、水道整備、学校整備、ゴミ・屎尿《しにょう》処理などの計画を進めようとした。しかし都市の拡大は東京都の範囲を地理的に超えて進んでいくため、新たに一九五六年首都圏整備法が制定されたのである。

この時期、一九五五年から五七年には神武《じんむ》景気《けいき》と呼ばれる好況が到来し、以後も経済成長が続いた。これに伴い東京には、人口と経済管理機能が集中するようになり、また交通問題も深刻になっていた。震災復興期からの戦前にかけて、都心の幹線道路を走る自動車はそれほど多くなかった。先ほどの図2の昭和通りのようすからも、それがわかるであろう。その意味では、防災目的はあるだろうが、交通量からみてこれほど広い道路が必要だったのか、との疑問もわいてくるぐらいだ。

しかし復興事業終了から四半世紀後の様相は大きく変わった。モータリゼーションの進行で自動車の普及が進み、都心の道路の渋滞が目立った。

一九五五年頃、東京都建設局は、これから一〇年で都心の交通がパンク状態になることを予想し、道路整備に力を入れようとした。一九五九年に東京オリンピックの誘致が決まると、それまで停滞していた道路整備が急ピッチで実行されていく。特に首都高速道路建設は、既存の道路、河川、公園などの上の空間を利用して進んでいった。また一九六四年一〇月のオリンピック開催に合わせる形で、東海道新幹線が開通する。競技施設の建設が進められる一方、インフラ整備という点で、オリンピック誘致はそのきっかけになる役割を果たしたのである。

しかし、道路の拡幅や首都高の建設が急激に行われる一方で、住民の生活に関わるインフラ整備は遅れていた。オリンピック開催直前の夏には、二三区内でも水不足が発生し、一部の地域では家庭に水を行き渡らせるため給水車も出動した。上水道がこうなのだから、ましてや下水道整備は大幅に遅れていた。

その他、住宅の建設も人口増に追いつかない状態で、多くの木造のアパート（木賃《もくちん》アパートなどと呼ばれた）がその受け皿として機能した。それらのアパートには、多くの場合浴室はなく、銭湯に通うのが普通であった。なお吉田律人《よしだりつと》によると、東京・横浜の銭湯経営者には、戦前から特に石川県、新潟県それに富山県の出身者が多かったという。石川県では能登《のと》半島、新潟県では西蒲原《にしかんばら》郡の人々が特に多い。地元のネットワークを使いながら同郷の若者を呼んで修業させ、経営者として育てていったのである（吉田二〇二〇a、b）。

そして一九五〇年代後半から、一定の所得がある勤労者向けの公団住宅がつくられていくが、社会政策的な意味をもつ都営住宅にも入居希望者が殺到した。また一九六〇年代半ばには、戦後のベビーブームの時期に生まれた世代が高校入学の時期を迎えたため、高校の建設もこの時期の都政の大きな課題となっていた。

†埋立地からできた都市

話題は破壊と復興という文脈からは離れるが、江戸・東京の中心街はもともと海を埋め立ててつくられた、ということは忘れられない。また近代に入り、東京湾を埋め立てて造成された土地は広大である。そしてこの埋立地の使われ方にも歴史性がある。近世以前も湾岸地域はゴミを捨てる場所として使用され、陸地としても活用されてきた。それは明治になってからも同じである。

江戸・東京の沿岸は物資輸送に利用されていたが、横浜が開港地になることで、港湾としての独自性は主張しにくかった。とはいえ、松田道之府知事が一八八〇（明治一三）年に築港の必要性を述べ、のち市区改正事業が練られるのと同じ頃、田口卯吉が東京築港案を主張するなど、築港を求める声も大きかった。ただ田口が経済発展の観点から、横浜から東京に港を移すことを目的としたのに対し、松田の案は築港による都市形成という点に力点があったという（渡邊二〇一七）。

そして、別の意味でも湾岸地域の改造は進んでいった。隅田川河口に堆積する砂は船舶の航行のじゃまとなるため、政府は澪浚《みおさらい》工事を実施し、近世から存在した石川島《いしかわじま》、佃島《つくだじま》につなげる形で月島《つきしま》が誕生したわけである。その後、さらに埋め立てにより芝浦《しばうら》、晴海《はるみ》、豊《とよ》洲《す》などがつくられていく。

他方、東京市が実施した工事によって塩浜《しおはま》、古石場《ふるいしば》、枝川《えだがわ》、豊洲の一部などが誕生する。それとの関連で、汐留・芝浦間における貨物専用鉄道の整備も行われ、戦後設置された豊洲石炭埠頭から石炭の運搬を行う深川線も開通した（『絵葉書で見る江東百景』）。

†埋立地の多様な使われ方

なお埋立地の使われ方は実に幅広い。戦前、現江東区である南砂町《みなみすなまち》付近には海水浴場があったが、その先の海岸に飛行場を設置する構想が生まれ実際に工事が行われた。しかしのち中止となって敗戦を迎える。

昭和初期にその海水浴場に泳ぎに行った小学生、のち本書に登場する豊田《とよだ》正子《まさこ》の記憶だと、ここでの海水浴のようすは次の通りである。年月はわからないが夏のこと、午前一一時頃に休処《やすみどころ》で着替えて海に入る。沖合には真っ黒な汽船が、煙を引いて走っている。水面に木切れや縄くずも浮いていて、あまりきれいな海ではなかったという。

それでもお昼には家族でおにぎりを食べ、近くに住むというお婆さんの巻きずしと交換して雑談をし、夕方まで泳いだ。父親は土産のアサリを担いで、風呂敷包みを下げた母と、それに弟と帰りの電車に乗った（「海水浴」、豊田一九四一）。電車とは城東電気軌道である。これで亀戸《かめいど》に出て、さらに曳舟《ひきふね》方面に帰ったのである。

戦後、南砂町に設けられた島状の埋立地に、レクリエーション施設を建設する計画が立てられたが、結局のところ夢の島海水浴場として活用された。しかし海水浴場は数年で閉鎖され、一四号埋め立て地の一部として廃棄物の処分を行う場となった。この「夢の島」は高度経済成長期における消費の「欲望」の処分地であった。

その他、昭和戦前期には、月島に東京市役所が移転するプランもあり、豊洲、晴海、東雲《しののめ》などは、横浜市の山下公園付近とともに万国博覧会の会場に選定された。しかし市庁舎移転は実現せず、一九四〇（昭和一五）年開催予定の万博は、オリンピックとともに中止となった。

その後、豊洲には一九五四〜五五年頃に東京ガスの工場などが設けられ、その跡地が築地市場の移転先となったことは知られている。さらに昭和から平成の時代にかけて、有明《ありあけ》、青海《あおみ》などの埋め立てが進み、その過程で臨海副都心開発が計画された。一九八五年、鈴木《すずき》俊一《しゅんいち》都政のもとで埋立地の一部を利用したテレポートの建設が計画され、一九八八年に臨海副都心開発基本計画が策定され、当初の計画を大幅に拡大した区域が開発の対象となった。その後、世界都市博覧会を開催する場所として位置づけられていく。

このような開発規模の拡大の背景には、中曽根康弘《なかそねやすひろ》内閣が民間活力の活用という文脈から臨海部に目をつけたことがある。鈴木都政は政府の動きを牽制しつつ、独自の臨海副都心開発を進めようとしたのである。

だが一九九〇年代に入ると景気にかげりがみられ、バブル崩壊は都財政にも深刻な危機をもたらした。臨海副都心への企業の誘致は進まず、一九九五（平成七）年四月に青島幸男《あおしまゆきお》都知事が誕生し、翌年に予定されていた世界都市博は中止となった。こうして臨海副都心開発は停滞し、これが本格的に活用されるのは築地から豊洲への魚市場移転、そして新たなオリンピック誘致をまたなくてはならなかった。

†都市の再生か、経済の再生か?

バブル経済の崩壊を、自然災害などによる都市の破壊と同列に扱うことはできないにせよ、これが都市の「再生」を促進させる要因になったのは間違いない。本章の最後に、「破壊と復興が築いた都市」ということを、少し違う角度からみておこう。

一九九〇年代に入って発生した、東京のみならずナショナル・レベルでのバブル崩壊の衝撃は、極めて甚大であった。単に株価や地価が一時的に下落したという現象ではない、日本経済そのものの揺らぎをもたらした。都市に関していえば、地価下落と不良債権化が深刻化し、それがもとで金融機関も破綻した。地価は下がらないという神話は崩れ、土地やビルを所有すること自体がリスクを招くこともあり得た。

そのなかで、二〇〇〇（平成一二）年には都市再生懇談会が発足し、政府、東京都などの自治体、財界、なかでも不動産業が一体となった政策が展開されていく。小泉純一郎《こいずみじゅんいちろう》内閣の時に制定された都市再生特別措置法により、都市再生緊急整備地域を指定して、都市計画決定期間の短縮、容積率の緩和による高層化、税制上の優遇措置などが行われることになる。

一九九九年に誕生した石原慎太郎《いしはらしんたろう》都政は、こうした政府の動きを牽引する役割を果たした。東京都は、それまでいくつかの副都心を設定して業務の分散をはかってきたが、石原都政は新たに環状メガロポリス構造をうちだして、東京二三区を中心とした地域の役割分担を目指すとともに、都心区それも首都高環状線内のセンター・コア・エリアへの経済管理機能の集中をはかった。これは国レベルで重点的に整備を進める場所とも一致していた。こうして、東京都心にオフィス、マンションなどの高層ビルが林立することになったのである。

一方、東京都は、防災都市づくり推進計画により重点整備地域（不燃化特区制度）を設け、地域を指定して建て替え・除却の助成や税の減免措置などを実施し、延焼防止のため特定整備路線という名による都市計画道路の整備を進めている（「防災都市づくり推進計画」）。

やはりいま必要なのは、防災を目的とした緊急整備である。二〇一一年の東日本大震災は多くの人々の命と生活を奪い、また原発事故をも発生させた。東京も少なからず地震の被害を受けたが、近い将来に起きる可能性がある大地震による被害にも、警戒しなければならない。災害は避けられないであろうが、本書で述べた「破壊と復興」というサイクルでなく、積極的な防災上の整備により、災害による破壊を可能な限り防ぐということが課題となるであろう。

第２章

帝都・首都圏とインフラの拡大

現在の日本橋上空に架かる首都高速道路（©Aflo）

†「帝都」と「首都」の来歴

これまで「東京」と呼ばれてきた空間を構成してきた地域は、一定ではない。行政区画という意味でもそうである。また「帝都」とか「首都」とかいわれたとき、その範囲を確定するのは難しい。特に「帝都」とか「首都」は、この用語を使う側がいかに定義するか、ということで内容が変わってくる。まずここでは、「帝都」や「首都」という語が、どのように使われてきたかを考えてみよう。

一八六八（明治元）年七月の明治天皇の詔書《しょうしょ》で、江戸は東京と名前を変えた。天皇のいる都が京都から東京に移ったのである。江戸・東京への遷都《せんと》が決まる前、大久保利通《おおくぼとしみち》は「遷都之地は浪華《なにわ》に如《し》くべからず」と、大阪（大坂）に都を移すことを主張していた。今後、外国とのやりとりを行い、富国強兵を進めて陸海軍を設立する必要があるが、それらのために適当な場所は大阪だとしたのである（「大坂遷都の建白書」）。同年三月には、天皇の大阪行幸《ぎょうこう》が決定される。これは新政府が、商業都市大阪の人々に、財政的な援助を求める必要があったためだともいわれる（小木一九八〇）。

一方で、前島密《まえじまひそか》は江戸遷都論を主張した。これは新政府の関東・東北への支配拡大という政略的意味もあった。また浪速《なにわ》（大阪）の場合、都を置くとしたら皇居・官庁・学校などを新築する必要があるが、江戸ならば、江戸城を修復すれば天皇の居所は確保できる(『東京百年史』第二巻)。結局、江戸への遷都が行われ、江戸の町奉行所が支配した区域は市政裁判所の管轄となり、この区域が東京府となる。

その後、廃藩置県によってあらためて東京府が置かれる。これはのちに述べるように、だいたい現在の東京都の範囲から、三多摩を除いた部分である(梅田二〇〇四)。そして東京府の区域の中心部には、まず一八七八年に一五区六郡が生まれた。この一五の区の範囲が、一八八九年に東京市となる。

近代の東京はしばしば「帝都」と呼ばれた。「ミカドの住む場所」ということからすると、近世以前においては京都が「帝都」であったのだろうが、同時代的にどの程度そのような呼称が使われていたのか、よくわからない。少なくとも明治期には、「京都ハ千有余年ノ帝都ニシテ」という認識が存在していた(「公文別録」一八八三)。

また先に述べた市区改正事業においては、「国勢ト共ニ帝都ノ繁栄ヲ無窮《むきゅう》ニ期スヘキナリ」(「内務省東京市区ヲ改正センコトヲ請フ批シテ之ヲ許シ更ニ委員四名ヲ撰ヒ之ヲ稟告セシム」一八八四年)とうたわれた。遅くとも明治一〇年代の時期には、東京を「帝都」という用語で呼ぶことが定着していた。

一方、「首都」という語は、第二次世界大戦後に東京を指す用語として、首都建設法、首都圏整備計画をはじめ、広く用いられていく。「帝都」という語が東京を指して用いられた時代においても、「東京市ハ帝国ノ首都ニシテ」(「第五回内国勧業博覧会ニ関スルノ件」一八九九年)というような使用例はあったようだ。だが、一般的に公文書において「首都」は、主に諸外国の capital を示す語として出てくることが多い。

戦後における「首都」は、もちろん capital の意味で用いられるが、首都圏という形で、東京二三区を中心として周辺の県を包括する空間的広がりを表す語としてもよく使われる。

†帝都交通網の拡大

都市空間の広さには、単に何キロメートルという意味での距離ではなく、移動の速さによる実感的な広さというものもある。それに関わって、ここでは「帝都」の交通網の拡大についてみておこう。

近代における移動手段としての鉄道と自動車の役割は大きく、鉄道の路線と道路の拡大は、とぎれることなく続く。新橋・横浜間の鉄道開通に始まり、上野から埼玉県の熊谷《くまがや》に鉄道が敷設された。その他、明治中期には新宿から立川を結ぶ線、本所と千葉県の佐倉《さくら》を結ぶ線などが開通する。さらに明治後期から大正期にかけて、現在の中央線、山手線、京浜東北線の一部などが整備されていった。

以上が東京から近県やそれを越えて全国に広がる交通網の発展のようすだとすれば、東京市と近郊を結ぶ鉄道も次第に整備されていく。一九〇七（明治四〇）年には渋谷と二子玉川間を玉川電鉄（玉電）が結び、大正期には笹塚（のち新宿）と調布を結ぶ京王電気軌道、池袋と飯能《はんのう》を結ぶ武蔵野鉄道、丸子多摩川（のち渋谷）と神奈川間を結ぶ東京横浜電鉄の東横《とうよこ》線が開通した。少し遅れて、一九二七（昭和二）年には小田原急行鉄道が開通した。

玉電、京王などにみられるように、建設当初は多摩川の砂利《じゃり》を都心に運搬する役割を果たしていたが、次第に人の輸送が中心となっていく。池上電気鉄道、目黒蒲田電鉄なども含めて通勤電車として利用され、これらの路線は、関東大震災をはさんで郊外に広がる住宅地と都心を結ぶ重要な交通手段となっていく。

一方、都心での近距離の移動に関して、東京市中心部の新橋と日本橋間では、一八八二年に東京馬車鉄道が運行を開始した。その後、一九〇三年になって路面電車が登場する。すでに一八九〇年代には電気動力への転換が検討され始めた。馬による輸送力の限界が理由だが、蹄鉄《ていてつ》による道路の破損や、糞尿による不衛生も問題となった（高嶋二〇一九）。以後、複数の電化計画が出され、東京電車鉄道、東京市街鉄道、東京電気鉄道という三つの会社によって電車の運転が始まり、一九〇六年に三社は合同して東京鉄道となった。

夏目漱石の『坊っちゃん』の主人公が、松山の中学校教員を辞めて東京に戻り、就いた仕事が「街鉄《がいてつ》の技手《ぎて》」、すなわちここにある東京市街鉄道の技術系職員である。漱石の居住地周辺には、街鉄の経営する電車が走っていたという（小池二〇〇一）。

一九一一年には東京市が東京鉄道を買収し、市営とした。のちに市電は路線を広げていくのだが、市内を長距離で移動するには市電では限界があった。さらに山手線などのような高速鉄道が必要だったのである。そこで品川・王子間、渋谷・北千住間、新宿・亀戸間、池袋・越中島《えっちゅうじま》間を結ぶ線などが構想された。とはいえ、高速鉄道の構想の多くは挫折し、浅草・新橋間の東京地下鉄道（現在の銀座線）のみが実現したという。

その他、関東大震災の後、大損害を受けた電車の補助的な交通機関として、東京市によって乗合《のりあい》バス（円太郎バスと呼ばれた）が配置された。すでに震災前から、民間企業である東京乗合自動車による乗合バスが運行されていた（これはのち東京地下鉄道に吸収され、太平洋戦争期には市の経営に統合される）。当初、市の乗合バスは応急的役割を与えられたのみであったが、次第に営業路線を拡大していく。

特に東京市が市域拡張を行って、新たにできた区から都心への通勤などには便利だったという（『東京百年史』第五巻）。確かに、市域拡張から間もない一九三四年の市バスの運転系統をみると、目黒駅から銀座などを経て日本橋区の室町《むろまち》、渋谷駅から築地などを経て日本橋区の蛎殻町《かきがらちょう》、高田馬場から九段下などを経て東京駅、千住新橋《せんじゅしんばし》から江戸橋などを経て新橋に至る路線などの運転が行われていたことがわかる。バスも使えば、市内の移動は意外に便利だったのだ。

†暴動の標的となった路面電車

都市空間の広がりということからは離れるが、ここでは路面電車が社会に与えたインパクトを考えてみよう。

路面電車（この項では電車と表記する）の誕生は、都市の生活に大きな影響を与えることになった。また東京では、一九〇五（明治三八）九月の日露戦争終結の時期から一般民衆が政治的な争点をめぐって街頭で示威《じい》活動を行ったが、その際にしばしば電車は焼き打ちにあうことになる。

なぜ電車が人々の怨嗟《えんさ》の対象となったのだろうか。まず電車は、都市社会に大きな変化をもたらした。もちろん明治期は、鉄道馬車の他、徒歩や人力車で移動するというのが基本的な交通のあり方だったが、電車の登場で移動は格段に便利になった。移動時間の短縮が、経済活動や日常生活の合理化を進めたことは想像にかたくない。

だが交通事故の発生が社会問題化する。また乗客の数は、電車の本数に比べ相当多いので、ひどい混雑を招き、飛び乗り、飛び降りなども普通に行われた。移動に便利なのはよいが、このように電車に乗るだけで多くのストレスを感じ、そもそも電車の速度に人々のスピード感が合わない状況が続いたものと思われる（田所一九九八）。近代化により、人々の身体はそれに合わせる形で訓練されていったのだろうが、整列して乗車するなどのマナーが定着するには、相当時間がかかったらしい。

また電車の登場で、人々の足として利用されてきた人力車は需要を減らす。車夫の約七割は人力車を借りて営業をしていたが、日露戦争からの帰還兵、軍需工場を解雇された労働者のなかに、この仕事に就く者がいたといわれる。電車が急激に拡張され、彼らの売り上げも減り、あるいは廃業せざるを得ない者もいたわけである。

一九〇五年九月、日露講和条約締結をめぐって、賠償金が獲得できないことがわかると、講和に反対する勢力は日比谷公園に集まり、これが騒擾化《そうじようか》した。街頭に繰り出した人々は政府機関や政府系新聞社、派出所などを襲撃したが、往来に止まっていた電車も襲われている。暴動に参加した群衆の進路は、電車の路線に沿ったもの、すなわち各区の目抜き通りであった。またこれらの通りは、日露戦争中にしばしば行われた祝捷会《しゆくしようかい》開催の際に、提灯《ちようちん》行列などが行われた場所でもあった（能川一九九七）。

その後、一九〇六年三月に先の電車会社三社が、三銭から五銭への運賃値上げを申請すると、日本社会党、あるいは国民主義的対外硬派《たいがいこうは》といわれる勢力による反対運動が起こった。九月には、電車問題連合同志会による電車賃値上反対市民大会が開かれるが、その際、九月五日の日比谷公園で行われた集会では、夜になると電車焼き打ちが行われ、その他、街鉄本社、出張所、内務省なども襲撃を受けている。

この暴動への参加者も前年の日比谷焼打事件と同じく、小商業の雇人《やといにん》、雑業《ざつぎょう》層など都市下層民が中心であった。とはいえ、電車に仕事を奪われたはずの車夫の参加は多くはなく、電車運行停止中に営業を行っていた例も多いという。

さらに、一九一八(大正七)年夏に発生した有名な米騒動でも、東京では八月一五日夜の電車の運転を三〇分早く切り上げていたが、電車の運行妨害や投石などが行われている(『東京朝日新聞』一九一八年八月一六日、一七日)。先の一九〇六年の焼き打ちについて、田所《たどころ》祐史《ゆうじ》は、過密化する中心区に暮らし、前近代的な雇用形態にある人々の不満が、街頭で表面化したと述べている。この都市民衆騒擾の時期において、近代化の象徴としての電車が、人々の怨嗟の対象となったことは間違いないだろう。

都市空間を収縮させる交通網の整備は、人々の行動範囲を広げ、産業を活性化させたが、一方ではさまざまな形で、人々に負荷をかけることになったといえまいか。

†多摩の近代

さて「帝都」「首都」の空間的広がりに直接関わる重要なテーマに戻ろう。それは多摩という存在だ。

多摩地域は、現在東京都に位置するが、神奈川県に属していた時期もあった。その歴史的な経緯をみてみよう。一八七八(明治一一)年の郡区町村編制法で、多摩郡から東・西・南・北の多摩郡が生まれた。このうち東多摩郡は東京府に属していたが、西多摩郡・南多摩郡・北多摩郡(これが三多摩と呼ばれる)は、神奈川県に編入された。

北多摩郡は現在の世田谷区の一部も含んでいたので、この部分までが当時は神奈川県だったわけである。また東京府東多摩郡は、一八九六年に南豊島郡と合併して豊多摩郡となったので、その後は存在しない。

西・南・北の三多摩についてだが、一八九三年に東京府に移管される。ここには玉川上水があり、帝都の水源としての三多摩が重要な位置にあったというのが、東京府への編入の理由である。だが、水源とは関係のない南多摩郡までが切り離されたことから、当時大きな勢力をもっていた神奈川の自由党を切り崩すことが三多摩移管の本当の理由だともいわれる。

東京府に編入されたあとの三多摩でも、自由民権運動の流れをくむ政治活動は活発であり、三多摩壮士《そうし》と呼ばれる人々が知られるようになる。壮士とは、政治を志した血気盛んな青年を指し、後には政党政治家のボディーガードにつく者もいた。

のちに都制案が提起されると、三多摩はまとまって動くことになる。例えば一九二三（大正一二）年に後藤新平《ごとうしんぺい》東京市長が中心となって策定した帝都制案では、東京府と東京市の統合がうたわれたが、その際、三多摩はここから除外される計画であった。

これに反発した三多摩は、市町村長、各種の議員、その他地域団体による東京都への編入を求める運動を行った（『多摩広域行政史』）。本案は審議未了となったが、政府は臨時大都市制度調査会を設置して、都制を検討した。三多摩側もこれに対応する動きをとるが、三多摩の除外に反対する声だけでなく、他の郡との連合で都県組合をつくり、補助金が獲得できるならば独立県となってもよいという意見もあった。そうなると「多摩県」の県庁所在をどこにするかが争点になるが、八王子市は立川町よりも優位に立って県庁の誘致を行おうとした（『新八王子市史』通史編5）。

一九三二（昭和七）年の東京市の市域拡張においては、旧東京市周辺の五郡（豊多摩、南足立、北豊島、南葛飾、荏原郡）が東京市に編入された一方、三多摩はあいかわらず三つの郡（南多摩郡八王子町は一九一七年に市制が施行された）として残った。この時に東京市が東京市政調査会に委託して作成した東京都制案要綱では、都の区域は当時の東京市の範囲となっていた。この都制案も実現しなかったが、東京市と三多摩の関係は、非常に微妙なものがあった。

のちに至っても東京都の行政においては、二三区とそれ以外の区域におけるインフラなどの整備状況の差異の大きさ、すなわち「三多摩格差」が問題となり、これをどのように埋めるかが、第二次世界大戦後の行政の課題ともなっていく。

†市域拡張とは何か?

現在の東京二三区の範囲は、市域拡張をしたあとの東京市の範囲をほぼ踏襲している。ではなぜ、どのように市域は広がったのだろうか。

一八八九(明治二二)年に誕生した東京市のうち、江戸の中心であったのは麴町《こうじまち》区、神田区、日本橋区、京橋区のあたりである。のちこれ以外の一一区の人口が次第に伸びていった。さらに一九二〇年頃になると、一五区の区域の人口は二〇〇万人程度で横ばいとなり、関東大震災で落ち込んだ後すぐに回復していくが、昭和期にかけて、それほど伸びは大きくならなかった。

他方で、東京市周辺の五郡に人口が集中していく。特に現在の品川、大田、世田谷、目黒区などにあたる荏原《えばら》郡、渋谷、中野、杉並区を含む地域である豊多摩郡においては、山手線の駅を起点とした鉄道が発達し、その沿線に住宅地が形成されていった。

このような市街地化の進展に伴い、市区改正事業が終了したのちには新しい都市計画の構想が練られていた。すなわち、一九一九（大正八）年に都市計画法が制定され、これによる東京都市計画区域が一九二二年に決定された。この範囲は、東京駅を起点として半径四里（約一六キロメートル）とされ、ちょうど東京市と周辺五郡が入る区域であった。

一九三二（昭和七）年一〇月一日、三五の区、人口約五五一万人からなる東京市が誕生する。旧五郡が解消して、新たに区として編入されたのである（図5）。当時、市域拡張を経た東京市は「大東京」などと呼ばれた。拡張された市域という意味である。先の東京都

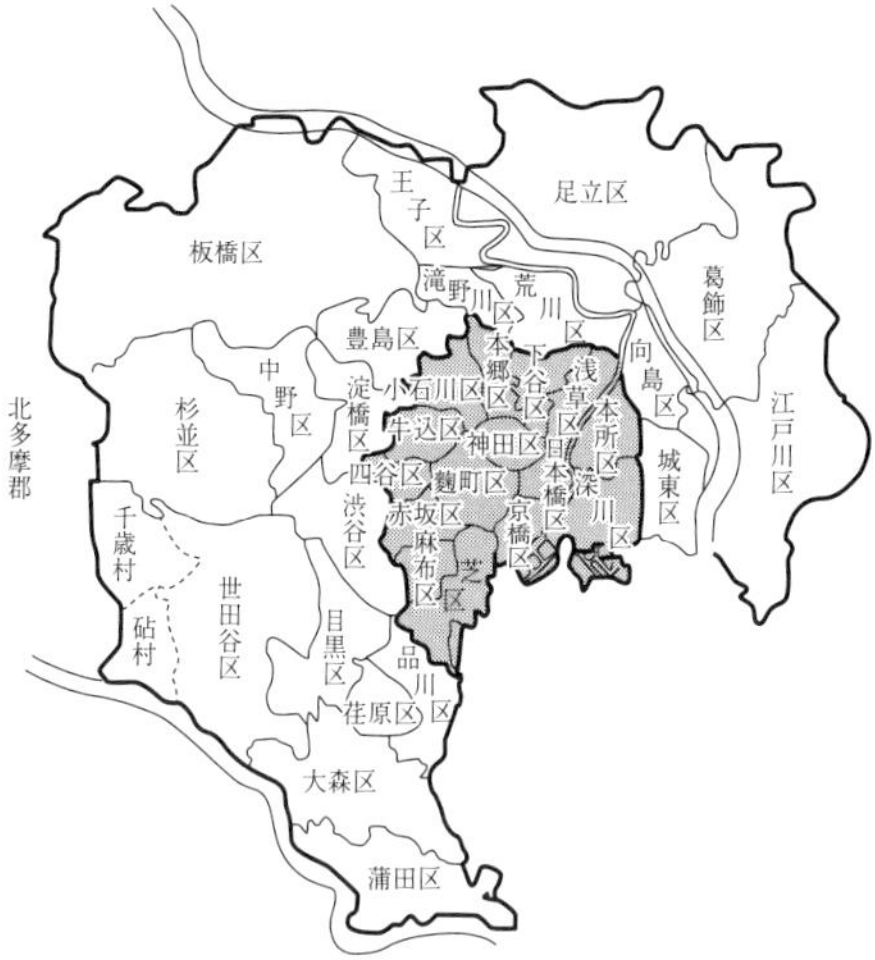

図５　東京市地図。中央の太い線の内側が旧市域、外側が新市域

市計画区域は、一時間以内に中心地、すなわち東京駅周辺に行くことのできる範囲で設定された。

では市域拡張は、どうして必要だったのか。特に東京西部に広がる郊外に関していえば、ここは人口が急増している地域であり、各々の町村は急増する人口に対応したインフラ整備をしなければならなかった。他方、東京市の方は次のような考えがあった。昼間に市外から郊外電車に乗って通ってくる勤労者は、市内の交通機関や施設を利用するが、市民ではないため市税の納税者ではない。したがって彼らを市民にする必要がある。

このような単純な理由だけではないが、東京市の側も周辺町村の側も、市域拡張は望むところだったのであろう。区によっては反対論もあったのだが。なお北多摩郡砧《きぬた》村、千《ち》歳《とせ》村が一九三六年になって東京市世田谷区に編入され、ほぼ現在の二三区の範囲が東京市となった。

一九二〇〜三〇年代には、東京市のみならず、他の五つの大都市（大阪、神戸、京都、名古屋、横浜）も市域拡張を遂げていた。個々にはいろいろな理由があるだろうが、基本は工業化の進展による、大都市への人口集中を背景としたものだった。

†東京のなかの島嶼

東京都には伊豆諸島、小笠原諸島という島嶼《とうしょ》があり、東京の空間的広がりは非常に大きいことを感じさせる。

現在、伊豆諸島には伊豆大島《いずおおしま》、利島《としま》、新島《にいじま》、式根島《しきねじま》、神津島《こうづしま》、三宅島《みやけじま》、御蔵島《みくらじま》、八丈島《はちじょうじま》、青ヶ島《あおがしま》があり、小笠原諸島には父島、母島がある。もっともこれらは人々が生活している島々であり、もともと無人島であった島や、以前は生活が営まれていたが、現在は誰も住んでいない島もある。八丈島までは竹芝桟橋《たけしばさんばし》から船で片道一〇時間強、あるいは羽田から飛行機に乗って一時間弱である。父島までは約一〇〇〇キロの距離があって、竹芝桟橋から船で約二四時間かかる。

近世以前、八丈島など伊豆諸島の島々には流刑《るけい》の施設が存在したことはよく知られている。近代に入り、伊豆諸島は韮山県《にらやま》、足柄県《あしがら》、静岡県などに属したが、一八七八（明治一一）年に東京府に編入された（『東京百年史』第六巻）。

小笠原諸島は伊豆諸島の南方にあり、幕末には、父島などでアメリカやイギリスとの間に帰属をめぐる紛争があったが、日本の領土に組み入れられた。一八八〇年に東京府が所管することになり、一八八六年に小笠原島庁が設けられる。

さらに、一八八八年に制定された法律である市制町村制は、沖縄県と東京府管轄の小笠原・伊豆七島については施行しないとされた。実際、翌年に出された勅令（「町村制ヲ施行セサル島嶼指定ノ件」一八八九年）では、小笠原、伊豆七島、対馬《つしま》、隠岐島《おきのしま》などが除外されていた。そして、一九〇七年に新たに島嶼町村制が制定され、沖縄県の他、町村制が適用されなかった場所に対して、同法に基づく施政が行われるようになった。

硫黄島《いおうとう》は太平洋戦争末期の一九四五（昭和二〇）年二月から三月にかけて、日米両軍が激突したことで知られる。こののち三月末に米軍が沖縄に上陸し、六月末まで熾烈な戦闘が続いた。

一八九一年の勅令第一九〇号で硫黄島、北硫黄島、南硫黄島が小笠原の所属だとされた（「小笠原島南々西ニ散在スル三島嶼ノ所属及名称ヲ定ム」一八九一年）政府の見解では、これらの島々はもともと日本に帰属していたが、勅令によって島の名称と管轄をはっきりさせたということであった（「硫黄島ノ所属及名称ヲ公布セラレタルニ付農商務省ノ疑義ニ答フ」一八九一年）。小笠原諸島は日本の敗戦後、アメリカ太平洋艦隊の管轄に置かれ、サンフランシスコ講和条約締結後もアメリカ軍の施政権下にあったが、一九六八年に復帰する。

さらに、戦争末期から戦後における伊豆諸島のようすをみておきたい。

戦争末期に伊豆諸島からは、縁故者がない場合、山形、長野、三多摩などへの疎開が行われたが、男性は残留して軍に協力した。敗戦後、小笠原諸島が米軍による直接軍政のもとに置かれた一方で、伊豆諸島は東京都の一部としてGHQの管轄下にあった。だがGH

Qは一九四六年一月に「特定外周地域」を日本政府の行政から分離する命令を出し、伊豆諸島もその対象とした。日本政府、東京都の交渉により、三月には行政分離は解除されたが、その間、村長を中心に島民会を結成して、独自の憲法というべき「大島憲章」を策定する試みも行われたのである（『東京都大島町史』）。

このように島嶼は、戦争においては連合軍と対峙する最前線に置かれた。そして帰属の面で、戦後に至るまで国策により翻弄されてきたのである。

†首都圏の誕生

首都東京を中心とした広域を、法律上の文言という形で初めて「首都圏」と呼んだのは、一九五六（昭和三一）年に制定された首都圏整備法であった。だが首都圏とは明確にうたっていないとしても、東京を中心として周辺地域を一体のものとしてとらえる発想は戦前から存在した。

都市計画東京地方委員会は、東京市の市域拡張後、東京緑地計画協議会を設置して、先述の通り一九三九年に東京緑地計画をつくるが、あわせて「首都圏計画」ともいうべき構想も練られていた。だいたい東京の中心から四〇キロメートル圏を範囲として、東京、横浜、川崎などの大都市、その周りに緑地帯を設ける。さらに田園郊外都市、その外側に工業を担う衛星都市を置くというものだった（松本二〇一五）。

戦災復興都市計画においても、戦前の緑地計画などをもとに、衛星都市や外郭都市を配置する構想がつくられている。しかし東京の戦災復興計画は財政面での裏付けがなく、ほとんど成功しなかった。そうしたなかで、一九五〇年に首都建設法が、国会での審議・通過ののち住民投票を経て制定された。

本法制定の際、国会では震災復興事業への国庫支出の大きさに比べ、罹災《りさい》の規模が大きい戦災に対して、わずかな助成しか得られず、復興事業が進まないという現状の問題点が強調された。さらに首都としての位置づけからして、必要な場合には広域に関わる都市計画事業を国の行政官庁が実行し、助成も可能とすることがうたわれた（「第七回国会　衆議院建設委員会」一九五〇年三月二四日）。

そして、同法に基づく首都建設委員会は東京の街路、区画整理、上下水道整備などを進める計画をつくると同時に、東京を中心とした広域の計画を立案して産業の分散などを行おうとした。この過程で「首都圏」という言葉が登場したのだという。

首都建設法は東京を対象とした法律であることから、より広い区域を一体のものとして開発する首都圏整備法が制定され、一九五八年七月には第一次首都圏基本計画がつくられた。対象区域は都心から一〇〇キロメートルであり、既成市街地の周辺の近郊地帯にグリーンベルトを設けて都市の膨張を抑制し、さらにその外側の市街地開発区域に衛星都市を置いて、そこに人口や産業の定着をはかるというものであった。だが近郊地帯にはすでに人口が集中しており、構想は実態と合わず近郊地帯は廃止されていく。

以後、一九六八年の第二次首都圏基本計画で、都心から五〇キロメートル圏に近郊整備地帯を設定して、進む市街地化に対応することとした。さらに一九七六年の第三次基本計画では、東京都心への一極依存を是正することが強調され、工業の地方への分散などが積極的に推進された（「首都圏基本計画の経緯」）。その考え方は一九八五年の首都改造計画に受け継がれて、東京一極集中を是正して周辺に配置された業務核都市《ぎょうむかく》に東京の機能を分散しようとした。

だが一九八二年末に誕生した中曽根康弘内閣が、「アーバンルネッサンス」を唱えて都心再開発を進めようとした。第四次首都圏基本計画では、東京中心部から業務核都市への分散がうたわれたが、のち一九八七年の第四次全国総合開発計画（四全総）の策定過程では中曽根首相が、地方分散を基軸とした国土開発構想を見直す動きを示した。その後、バブルによる地価高騰のなか、都心からの分散が求められたが、以後一九九〇年代には、一方では首都機能の移転が唱えられながらも、東京一極集中への歯止めはなくなっていく。

以上、「首都圏」という概念は、東京都心への集中を防ぐための計画がつくられるなかで使用されたわけだが、都心機能を首都圏の各都市に分散しようという動きは、ある時期まで進んだものの、一九九〇年代の特に後半には、都心への再集中が始まったといってよいだろう。

†戦後の交通網拡大と終わる都電の役割

ここでは戦後の交通網拡大について述べるが、あわせて、先にふれた路面電車が、その歴史的役割を終えていく事情についても説明しなければならない。

戦後における驚異的な交通量の増大は、既存の交通体系の根本的転換をもたらすことになる。まず背景となる東京の人口動態をみよう。戦争によって、東京都心では人口が大幅に減少したが、復興とともに回復していく。一九四七（昭和二二）年の時点で四一七万人であった区部の人口が、一九六〇年には八三〇万人以上となった。また一九五五年頃からの経済成長の時期に、企業の本社などの経済管理機能が東京に集中していった。東京のランドマークとして機能している東京タワーが竣工したのは、一九五八年のことであった。

以上に伴って、この時期の交通量の増加も顕著だった。東京都内を往来する自動車台数のようすをみると、一九五〇年を一〇〇とした場合、一九五五年には約三七〇、一九六〇年には九三五という数字を示している（『都民と都政の歩み――東京20年』）。この間、東京への人口や経済管理機能の集中に加えて、モータリゼーションが進行した。震災復興事業で建設された幹線道路は、開通当時の自動車の量からすれば総延長、幅員などの点からみても十分すぎるぐらいだったのではないか。しかしそれから戦争をはさんで三〇年、交通量の増加に伴う渋滞、事故、騒音などが大きな問題となったのである。

政府は一九五〇年代半ば頃から、自動車道路の整備のための法制と具体的な計画を策定していた。また首都建設委員会は、一九五三年四月には一般街路と分離した、他の交通路と平面交叉しない自動車専用道路による総合的な交通網をつくるとしていた。首都圏整備審議会は、この計画を改訂して路線と総延長を増やした。のち首都高速道路公団法が制定され、首都高の建設が始まる。ちょうど東京オリンピックの誘致がなされる時期でもあり、以後急ピッチで建設が進んでいく。

こうしてオリンピック関連道路の新設・拡幅が行われた。これには放射四号線（青山通、玉川通）、環状七号線などが含まれる（越沢一九九一a）。また都心の河川を埋め立てた跡や、河川の上空なども利用して首都高が建設された。日本橋川に沿って日本橋や江戸橋の上を覆うようにして走る都心環状線や、震災復興事業の一環として設けられた隅田公園の上空を縦断《じゅうだん》する六号向島線は、周辺の景観を台無しにしていると批判されることがしばしばある。日本橋付近では、首都高速日本橋区間地下化事業が開始され、二〇四〇年頃までに構

図6　地下鉄浅草駅。昭和初期につくられた金属の格子に「地下鉄出入口」とある。（2022年7月）

造物の更新と地下化が行われる予定である。

戦後の東京における建設行政の中枢にいて、オリンピック関連事業を含めた都市改造を担ったのは、山田《やまだ》正男《まさお》（元東京都首都整備局長）であった。彼は首都高への批判に対して、「見るだけのために構造物を造っているんじゃないからな。そう圧迫感を感ずるとは僕は思わんから。日本橋を主体にして見ればそうかもしれないけれどね」（『東京の都市計画に携わって』）と感想を述べている。自動車があふれ、道路がパンクするという危機感をもち、彼らはがむしゃらに道路建設を進めた。当時、いかなる選択肢があったのか、確かにこれは難問である。

他方、都内の交通量の増加に対応して、地下鉄の建設も進められた。戦前において上野・浅草間、その後は渋谷まで伸びた地下鉄（現在の銀座線）であったが（図6）、戦後になって帝都高速度交通営団は、一九五四年に池袋・お茶の水間の路線を開通させた（現在の丸ノ内線）。他方で都営地下鉄建設の計画が始まり、一九六〇年末に押上《おしあげ》・浅草橋間が開通するなど建設が進んだ。

このような交通網の整備のなかで、東京市の時代から人々の足として活用されてきた路面電車は、交通渋滞の原因となることから、その役割を終えていくことになる。

一九六一年一一月に出た東京都の首都交通対策審議会答申書では、新たな首都の構造と交通機関近代化の要請から、地下鉄、バスなどの整備に伴い、順次都電を撤去することがうたわれた（首都交通対策審議会一九六一）。

一九六三年度の首都整備事業では、都電杉並線、青山線、番町《ばんちよう》線の廃止のための予算が盛り込まれた。他方、杉並、新宿区議会などからは反対の請願や陳情が都議会に寄せられており、ドライバーの苦情とは異なり、地元の利用者からの都電存続の声は少なくなかった。しかし都電の路線廃止は進められ、一九七二年には、現在も営業が行われている荒川線のみが残ることになった（東京都交通局一九七一）。

†首都圏の諸県と東京のつながり

交通網の整備という点では、大正期を中心に整備された郊外への通勤電車の他、昭和初期に小田急ができ、その駅を中心に住宅地の開発も進められた。戦後の首都圏の広がりも、国鉄、私鉄の沿線の住宅地が大きな役割を果たしたことはいうまでもあるまい。

さて戦後における首都圏の発展と関連して、二一世紀にかけての人口の動態をみておこう。東京都の人口は、一九六四（昭和三九）年の東京オリンピック前に一〇〇〇万人を超え、二〇一〇（平成二二）年には一三二五万人であった。ただし増減率をみていくと、一九六五年～七〇年が五％増だったのが、七五年～八〇年に〇・五％減となる。その後、八〇年～八五年は少しもち直して一・八％増だったが、九〇～九五年は〇・七％減となる。しかしその後、二〇〇〇年代に入ると四％程度の増加となった（『日本の人口』上巻）。

周辺の県をみると、一九六五～七〇年では埼玉県が二八・二％、千葉県が二四・六％、神奈川県が二三・五％の増であった。つまり高度経済成長期は、周辺の三県が首都圏の人口増の受け皿となっていたわけである。そしてそれをピークに三県とも増加率は減少していき、一九八五～九〇年に、埼玉県九・二％、千葉県七・九％、神奈川県七・四％増となる。以後はさらに低下して、二一世紀に入る頃には東京都の方が増加率は高くなっていった。

「埼玉都民」「千葉都民」という言葉がある。新聞での使用例をみると、一九七五年の千葉県知事選挙についての『朝日新聞』の報道で、千葉県には「千葉都民」という言葉があるとしている（一九七五年四月三日）。同じ記事には「神奈川都民」という言葉も使われている。また「埼玉都民」については、『読売新聞』には一九八三年の記事に使用例がある

（一九八三年一〇月二〇日夕刊）。また国立国会図書館サーチや学術論文の検索サイトCiNiiで引いてみると、「埼玉都民」は一九七六年の学術文献に、「千葉都民」の方は一九八四年の総合雑誌に最初の使用例がある。

そして新聞が明確にこれらの言葉を使って記事を書いている例として、一九八四年に実施された東京都生活文化局の調査についての報道があった。これによると、他県から千代田区に通勤する人々へのアンケートに答えた人の三割は、自分は「東京人」だと考えているという結果が出ていた。一方、彼らが実際に在住している県の人間だという答えは三五％だという（『朝日新聞』一九八四年九月六日）。両方の意識が、ほぼ拮抗していることがわかる。

よって「埼玉都民」「千葉都民」という言葉は、一九七〇年代後半あたりから広く使われるようになり、八〇年代前半には完全に定着したといえそうである。先にみた通り、高度経済成長期からその後にかけて東京周辺の県に住んで東京に通勤するというスタイルが定着していったことのあらわれに違いない。

なお茨城県も一九七〇年～八〇年には九％台の増加率を示していたが、のち他の三県と同様に人口増加率は減少し、さらに二〇〇〇年代に入るとマイナスとなってしまう（『日本の人口』上巻）。

他方、東京二三区の人口は、一九八八年以降、数のうえで減少を続けた。しかし一九九七年に増加に転じていく。特に二〇〇〇年代に入ると、都心区での人口増がめざましい。二〇二〇年と二〇二一年を比較し、人口増加が多かった市区をあげると、品川区、江東区、世田谷区、中央区、国分寺市の順である（「「東京都の人口（推計）」の概要」）。

このうち中央区は、一九五三年に一七万二〇〇〇人以上の人口があったが、一九九七年には七万一八〇〇人あまりまで減少してしまった。だが区が定住人口の回復に力を入れたからか、一九九八年には増加に転じ、二〇一六年には一四万二〇〇〇人を超えた（「中央区人口ビジョン」）。これらはおそらく、都心の再開発によって建てられたマンションに住む人々が増加したことによるものと思われる。

このように、東京一極集中が批判され、その是正が訴えられたにもかかわらず、一九九〇年代後半からは東京、特に都心への集中が顕著となった。一方で関東地方では特に茨城県の人口減にみられるように、人口面での地域間の格差が目にみえるようになったのである。

†首都圏の未来

首都圏というのは、固定された地理的範囲ではなく、国土政策のあり方によって変化する概念である。また、東京の位置づけが時代によって変わるのであれば、首都圏の性格も変わる。それに交通手段が格段に進化していけば、首都圏の範囲はさらに拡大することもあり得るのだ。

まずは、首都圏のもともとの位置づけを示しておきたい。先に一九八六（昭和六一）年の第四次首都圏基本計画と、翌年の四全総の策定のあたりまでをみた。この時期には、政府や東京都の進める都心再開発と、国土政策における東京一極集中是正の方針が対立しつつも、全体として分散の方向で進んだといってよい。

一九九〇年代には、バブルの崩壊と地価下落が起こり、その克服のために東京への再集中が促されていくようになる。そして、一九九〇年代半ばから後半にかけての第五次首都圏基本計画策定においては、高度経済成長期以来進められた工業等制限法に基づいて、工場や大学の地方移転の方針が見直され始めた。そもそも製造業の海外への移転もあり、もちろん工場が再び都心に戻ることはないだろう。同法の見直しは、大田区などに展開する中小工場を念頭においた規制緩和である。とはいえ、この工業等制限法の見直し（二〇〇二〔平成一四〕年廃止）は、従来の国土政策の根本的な転換を反映するものである。

東京とそれ以外の地域の関係をみるため、鉄道網についてもふれておこう。一九六〇年代半ばから運行し始めた東海道・山陽・上越・東北（東京・盛岡間）の各新幹線は、東京と他の地域の移動時間を縮めてきた。またそれ以外の、いわゆる整備新幹線も「全国的な鉄道網の整備をはかり、もって国民経済の発展及び国民生活領域の拡大並びに地域の振興に資する」（全国新幹線鉄道整備法）目的がある。

では、いま進められている中央新幹線はどうなのか。これは一九七三年に敷設が計画され、二〇一一年五月の整備計画で、超電導磁気浮上方式（超電導リニア）で運行するとされた。営業最高速度は時速五〇〇キロであり、二〇二七（令和九）年度に品川・名古屋間が開通し、一定期間をおいた工事で名古屋・大阪間が開通するとされた。そうすると品川・大阪間は六七分で結ばれるという。名古屋までは四〇分だ。

これによって、東京と名古屋、それに大阪という三大経済圏の距離は大幅に縮まるだろう。サービス業を中心とした東京と、製造業を主体とした名古屋が連携することで、新たな巨大都市圏ができるとする論者もいる（市川二〇一五）。そうすると、名古屋までが首都圏に入ることになりかねない。その際、名古屋から人や資本が東京に吸い取られることも危惧されるが、タイプの異なる都市なので、その可能性は低いともいわれる。しかし、あくまでも中心は東京であり、名古屋は従属的地位に置かれるのではないか。そして、この巨大都市圏とそれ以外の地域の格差は、ますます拡大していくに違いない。

以上本章では、「帝都」「首都」という概念をみながら、東京の空間的な位置づけを多角的にみてきた。また交通網の拡大のようすと、その社会的な背景や、交通機関の発展がもたらした人々への作用などもみてきた。次章は、さらに都市に生きる人々そのものに、焦点をあてていきたい。

第３章

近代都市を生きる民衆

書籍化された豊田正子の綴方

†自由放任時代の都市

近代都市において、民衆は自由に生活の場を求めることができる。近世において農民は、村という完結した世界で生活をすることが求められた。しかし江戸などの都市に流れる人々は、あとを絶たなかった。幕府が何度、彼らを農村に戻そうとしても、である。都市には商品経済が浸透した場があり、そこで人々は何とか生きていけたのだろうか。もちろん、生活の糧を自分で得るのが前提である。貧困は珍しくない。

近代に入ると都市への移動はさらに活発になるが、そこで生活できない人も増えるだろう。そしてこれに対して、行政は手を出さないのが原則であった。

明治維新とともに始まった日本の近代社会は、西洋近代からさまざまな知識・技術・文物を輸入してつくられていく。そのなかで、社会の秩序についての考え方も入ってくる。それは、近世的な身分制が解体したのちにも存在する社会の格差を、近代の言語によって読み替え、正当化していく。こうして、自由放任をよしとする社会観が、明治初期に一斉に語られる。

東京の街を整備するための市区改正事業が実施される頃、貧しい人々が住む場所を移転させることが計画され、また実行された。富者と貧者は都市のなかで住み分けをすべきだという発想であった。

その際、田口卯吉のように、富者と貧者の住み分けには反対する者もいた。他方で彼は、行政が貧しい人々に公費支出による扶助を行うことにも反対していた。だから、富者と貧しい人々の近接を望ましいものと考える理由は、一方で富者にとっては安価な労働力が手に入り、それによって手間賃が貧しい人々にもたらされるからである。その意味では、両者にとって利点がある。こうすれば公的扶助など必要ない。このような発想によるものである。

実際、東京府会では一八八一（明治一四）年度の予算膨張に対応して、「民力休養《みんりよくきゆうよう》」の立場から、予算削減を行うことが焦点となった。そのため、施策の見直しが必要となり、やり玉にあがったのが貧民救済事業であった。この時期、地方税により養育院、施療院や施療券医療、庶民夜学校の経営などが行われていたが、それらの廃止が自由民権家の沼間《ぬま》守一《もりかず》らから訴えられた（中嶋二〇一〇）。

そこにあるのは、貧困に陥るのは怠惰だからであるという人間観である。また同じ府会で田口は、幾ばくかの地方税を負担している貧民が、地方税を負担していない「怠惰」な貧民を救うことになるのはおかしいと発言した。彼らの救済には民間の自発的組織があたるべきで、先のように富者が雇用を与えて、彼らに収入を得させることもありうるのだろう。結局、僅差で養育院廃止は否決されるが、先にあげた他の貧民救済事業は廃止されてしまう。

ちょうど同じ頃、『東京横浜毎日新聞』『朝野新聞』誌上で、貧民救済の是非をめぐる論争が行われていた。貧民救済について、『毎日』は、誰を救済するかという基準がないこと、他の貧民との間の不公平が生じること、そして怠惰な者に救済を施すことになる、という理由から、貧民救済に否定的であった。

それに対して『朝野』において、末広重恭《すえひろしげやす》（鉄腸《てっちょう》）は、社会すなわち政府が貧民の救済にあたるべきだと主張した。この末広の意見の背景にはもともとその人が土地をもつかもたないか、教育を受けているかいないかによって、経済的格差が生じるのであるから、貧困は社会構造の問題として理解すべきであるという主張がある。そして彼らに救済を与えることは、社会の利益になるというのである。社会の利益になるから救済は必要だということは、救済を受けることがその人の「権利」であるという考えとは異なるものといえよう（大和二〇〇九）。

この時期、貧困に対応する法制としては一八七四年に制定された恤救《じゅっきゅう》規則があったが、これは極めて慈恵《じけい》的な扶助しか規定していない。先にみた養育院が、渋沢栄一《しぶさわえいいち》を院長として活動した時代もある。一八九〇年には市営となったのだが、身寄りのない高齢者や子供のうち、ごく限られた人々が入院できたに過ぎなかった。その他、民間の救済団体、宗教団体の手になる施設が大きな役割を果たしていたのである。

国が貧困問題に法制的に対応しようとするのは、昭和の時代、一九二九（昭和四）年の救護法制定をまたねばならなかった。とはいえ、特に第一次世界大戦の前後から、東京を含めた大都市では独自の社会政策が実施されていく。

†「スラム」という空間

近代において東京市のみならず都市には、「スラム」「不良住宅地区」などと呼ばれる場所が必ずみられた。そこは粗末な家屋に不衛生な環境で、貧困が可視化されていた。

明治初期においては、都心に商店、問屋街などが集まると同時に、零細な小商人、職人、雑業に従事する人々が存在した。神田区の例を先にみたが、特に日本橋区や浅草区それに深川区、本所区に、都市下層の人々が生活していた。そして浅草区の場合、北部にある寺社地と旧奥州道中沿いを中心に、近世において弾左衛門《だんざえもん》と呼ばれる頭領のもとで皮革《ひかく》産業を担った人々がおり、明治期にも被差別部落が展開していた（石塚一九九一）。被差別民への差別は近代にも残存し、また部落の生活環境も多くの場合、劣悪であった。

さて産業革命による紡績業を中心とした工業の発展は、東京や大阪など大都市への人口の集中を促した。二〇世紀初頭の時点の東京市では、京橋区、本所区、深川区などに工場が多く存在した。農民のなかでも階層分化が進み、都市に出る人口が増えるが、すぐに工場に雇用される労働者となったわけではない。多くの場合、日雇い労働への従事や、小規模な商業活動で生活を営むことになる。

明治期における「スラム」(貧民窟)としてよく知られているのが、四谷《よつや》鮫《さめが》ヶ橋《はし》、下谷《したや》万《まん》年町《ねんちょう》、芝新網《しばしんあみ》である。これらは横山源之助《よこやまげんのすけ》『日本の下層社会』で取り上げられている。ここで生活する人々には、人足《にんそく》、日傭取《ひようとり》、それに車夫《しゃふ》・車力《しゃりき》、あるいは屑拾《くずひろ》いなどを稼業とする者も多かった。このうち人足とは、道路の修繕、土木工事、大工・左官《さかん》・石工《いしく》の下で働く者、物品運搬などを仕事とする者であった。

また人力車の車夫は、ある家のお抱えの者、「ばん」といってある組織に所属する形をとる者、また数のうえで最も多い「もうろう」などに分けられる。「もうろう」は、人力車を借りて夕方から夜にかけて商売をする人々である。このうち「おかかえ」「ばん」は収入が比較的安定していた。そして屑拾いは、仕事に出かけるタイミングが重要であったという。商店などから不用な物、ゴミが出る時間帯に合わせるのである。

彼らの住居は多くの場合、粗末な長屋《ながや》であった。「九尺二間《くしゃくにけん》」といわれるような、間口が二・七メートル、奥行きが三・六メートルほどの狭い住居である。横山は、長屋の一室は広くて六畳、たいていは四畳であり、ここに夫婦・子供、同居者を加えて五、六人が住んでいると述べた。また一戸に二、三の家族が住むこともある。

一般的に長屋は、壁を隔てて部屋が分かれている。便所、井戸、ごみためは多くが共同である。以上のような住居のあり方は、近世から近代初期にかけて庶民の暮らしにしばしばみられる。とはいえ貧しい人々からなる「スラム」は、不衛生で劣悪な環境であることが多い。このような住居が集中的にみられる場所が、東京市内には多く存在した。一八八〇年代の初期には七〇カ所以上を数えたという(石塚一九九一)。

こうした長屋は、その後も都市下層の人々が暮らす住居の形態であり続けた。長屋には、一般に横に数戸の部屋がつくられた普通長屋、家屋の真ん中の玄関から入ると土間の通路に沿って両側に部屋がある共同長屋、一戸の家屋を壁で仕切って何戸かの部屋を設けた棟《むね》割《わり》長屋があった。大家は店子《たなこ》に部屋を貸しつつ、商店経営により店子に生活必需品を販売することも多かった(図7)。

そして近代初期には、コレラ、赤痢《せきり》、腸チフスなどの感染症がしばしば流行した。東京市で以上のような病気が発生する際、多くの感染者を出すのが、上水道も整備されない地区であった。当時、警察が公衆衛生も担っており、コレラが発生すると患者は強制的に「避病院《ひびょういん》」に送られた。

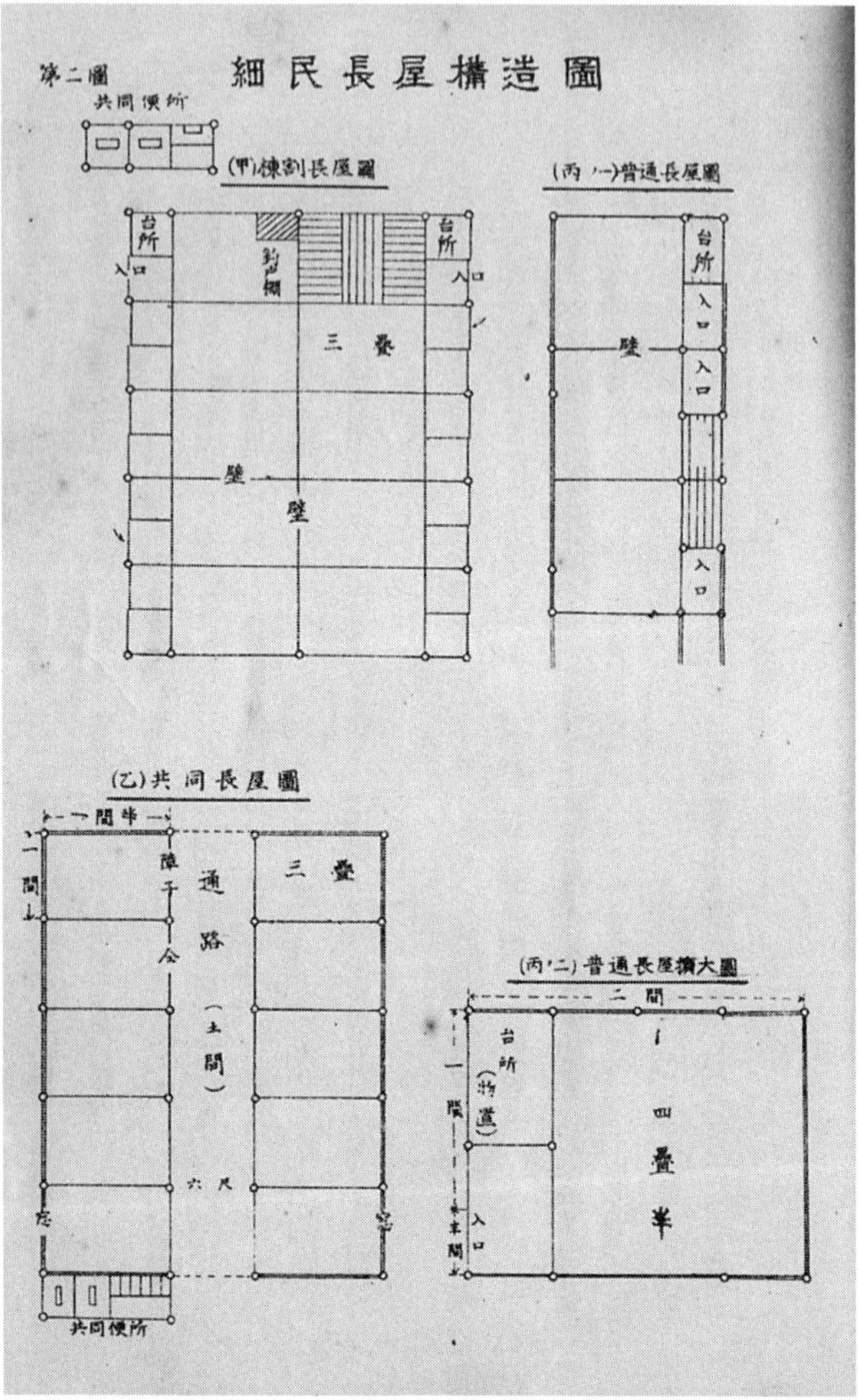

図７　長屋の構造図。左上：棟割長屋、右上：普通長屋、左下：共同長屋、右下：普通長屋の拡大図（東京市『東京市の細民に関する調査』1921 年より）

「スラム」に住む人々は、先に述べた通り、多くが日雇い労働や小商人その他の零細な稼業に従事した。これらは、特定の工場などに依拠する仕事とは限らない。マッチ製造などが展開する地域では、手工業的生産を主とすることから、女工や幼少工を雇うため、「スラム」付近に工場の立地を求める場合もあったという。その例としては深川区猿江裏町《さるえうらちょう》、下谷区竹町《たけちょう》などがある。また紡績《ぼうせき》工場が安価な女性労働力を「スラム」に求めた例もある（石塚一九七七）。

明治期には旧市域に展開していた都市下層民の居住場所は、大正中期には深川、本所、浅草区に多くなる。先の猿江裏町には、関東大震災後にも応急的につくられた雨露《あめつゆ》をしのぐだけの「仮小屋」が立ち並び、雨が降ればすぐに沼地となるなど衛生的に劣悪であった（同潤会一九三〇）。ここには同潤会《どうじゅんかい》によって、鉄筋コンクリートの集合住宅がつくられ託児所などの整備も行われた。

都市下層民は都心から東京市の周辺、さらに外側の郡部に拡散し、関東大震災がそうした傾向を促進した。のちの荒川、向島《むこうじま》、城東区域などである（中川一九八五）。昭和期には不良住宅地区改良法の制定により、新市域を含むいくつかの場所が「不良住宅地区」とされ、行政による住宅改良事業が行われた（スラム・クリアランス）。もちろん「不良住宅地区」に指定され改善事業が行われたのは、ごく一部に過ぎない。

†都市民衆騒擾とは何だったのか？

明治末から大正期にかけて、東京など大都市でしばしば騒擾事件が発生したことはすでに述べた。その始点が日露戦争後、一九〇五（明治三八）年九月に発生した日比谷焼打事件である。この事件に参加したのが、日雇い労働者あるいは職人・職工の男性、それも二十代から三十代の青年であることがわかっている。

東京では、暴動は九月五日から七日まで続き、内務大臣官邸、外務省、政府寄りの新聞とみなされた国民新聞社、警察署・派出所が襲撃された。桂太郎《かつらたろう》首相官邸や、その妾宅《しょうたく》まで民衆が押しかけている。また路面電車が焼き打ちにあったことは先に述べたし、キリスト教会も被害にあっている。この事件に対して警察だけではなく軍隊が出動、戒厳令が布告され東京の都心は物々しい雰囲気となった。

そもそもこの事件は、日露講和条約の締結に際して、日清戦争の時のような賠償金が取れないことなどを不満に思った人々が、政府の外交政策を批判する示威行動として、日比谷公園で集会を開催しようとしたことから始まった（図8）。警察は集会を認めなかったが、続々と人が集まり、街頭での暴力が発生したのである。したがって明確な政治的意図をもった集会ではあるが、暴動に発展していくことが最初から予定されていたわけではない。

当時、これは反政府的勢力の陰謀であるとも受け止められた。桂太郎首相ら藩閥《はんばつ》とそれに協力する立憲政友会に対抗する憲政本党などの政党、あるいは社会主義者や無政府主義者が引き起こしたものだともいわれた。しかし、これは立証されていない。

そしてこの騒擾の中心的な担い手は、都市下層民であった。彼ら民衆は、日露戦争に動員されて命を落としたり、負傷したりした。また非常特別税により醬油など日常使う生活必需品への税負担を強いられる。こうした生活難が、戦争の見返りとしての賠償金が獲得できないことへの不満としてあらわれていく。彼らは明確に「国民」としての自覚をもち、自国の利益を実現することを願う人々であった。これが先の反政府的動きと連動して暴動となった。

講和に異議を唱え政府を攻撃した人々は、国民の利益の実現を念頭に置いた政治を求め、かつ旧来の政治支配の担い手である藩閥と政友会を批判する。他方では、強硬な外交政策を求める存在だ。宮地《みやち》正人《まさと》はこれを「国民主

図８　日比谷公園の門柱。「以日比谷門旧礎建造明治三十五年五月」と刻印されている。（2022年７月）

義的対外硬派」と呼んだ（宮地一九七三）。

また内に「立憲」、外に「帝国」という大正デモクラシーの始点として、この事件は位置づけられた。以後発生する電車賃値上げ反対の運動や米騒動などは、外交問題が特に取り上げられるわけではないが、民衆の生活要求と結びついたものであることは明らかである。

†男性の心情から暴動を説明する

暴動参加者は、明確な政治的意図によって集まったわけでないが、都市の一角で不安定な生活を営んでいたというのは間違いない。とはいえ、このような人々が「国民」意識や生活難への憤懣《ふんまん》のみで暴動に参加するというのは十分な説明にはならない。これを、騒擾に参加した主体の側から説明する藤野《ふじの》裕子《ゆうこ》の研究がある（藤野二〇二〇）。

彼ら日雇い労働に従事する男性は、自分の店を構えて商売を行う夢をもち、東京で一旗《ひとはた》あげてやるという気持ちで上京する。だが勤勉によって身を立てることは非常に難しいのであって、往々にして「酒、女、ばくち、いれずみ」に依拠した刹那《せつな》的生活に陥る。世の中では、刻苦《こっく》勉励《べんれい》による立身出世が美徳であるとされ、多くの若者がこうした規範にからめとられていくだろう。しかし、あえてこうした規範とは異なる価値観をもち、それをエネルギーとしてため込んでいたのが、街頭で暴れた男性たちであった。

藤野の議論はこれら男性の心情の側から、騒擾の発生を説明するものである。確かに社会・経済構造から直接暴動を説明すると、暴れた主体の経済的地位の弱さと、一般的な規範としての国民意識の形成が強調される。藤野はあえて、彼らの一見逸脱したような道徳(不道徳)を一つの行動原理として位置づけ、既存の規範や国民意識ではない何かを拾い上げようとする。

これは、ある種の閉塞感があるなかで、それを打開する手段がみえにくい二一世紀において、共感を得るアプローチであると思う。明治の競争社会のなかでの「生きづらさ」をテーマとした、松沢裕作《まつざわゆうさく》の議論とも通じるものがある(松沢二〇一八)。

とはいえ、藤野が指摘する青年の心情は、スポーツに類似した競争ごとでも、はたまた当然ながら賭け事やケンカでも噴出するだろう。だとすると、彼らの心性から焼打事件などの政治的事件への参加や、のちに述べる関東大震災時の朝鮮人虐殺への加担を説明するのは、やや難しいのではないか。そうなるとやはり、そうした行動に駆り立てた外的契機がどうしても問題になる。

なぜ反政府的騒擾や電車賃値上げ反対運動で暴れるのか。とにかく、彼らの行動を規定した外的な条件と、彼ら自身の主体性の関係を、歴史家が置かれた時代に応じて考察し直すことが重要だ。

†社会都市の形成

一九〇〇～一九一〇年代に何度かみられた都市民衆騒擾は、一九一八（大正七）年夏の米騒動がほぼ終点となる。シベリア出兵での需要をあて込んで米の買い占めが起こり、米価が急騰したことをきっかけに、全国各地で米穀商などが襲われ、また街頭での暴動が発生した。東京でも、八月半ばに日比谷公園で集会が予定され、それは行われなかったものの、集まった人々が示威行動を行い、商店を襲うなどの事件となった。騒擾の担い手となったのは、日比谷焼打事件と同じような都市の下層民であった。

だがこの時期、外米《がいまい》や朝鮮米が入っており、東京でも行政による米の廉売《れんばい》が行われていたのであって、少なくとも東京市では、多くの人々が絶対的に窮乏したわけではない。そして都市下層民よりも、中間層の下位に位置する人々の生活が困難になる状況が存在した。そのことは、社会政策に新たな役割を付与した。つまりこれまでは貧困に陥った人々を救済することが社会政策の役割であると考えられたが、この時期には貧困に陥らないための施策こそがその重要な役割として認識される。

この点で東京市と同じ工業都市であった大阪市のようすをみておきたい。大阪市では、関一市長（一九二三〜三五年）のもとで、収益主義と公益主義に基づく生活のインフラ整備と社会事業が展開された（芝村一九八九）。その際、都市行政の専門家が都市経営にあたることを重視した（都市専門官僚制）。

代議機関である市会を無視するわけではないが、有産者秩序のもとにあった市会では、社会問題に積極的に取り組むことはなく、行政の専門知識はない。よって複雑化する都市問題には十分な対応ができないのであって、行政側の専門家が適切な施策をうちだし実行することが重要だとされたのである。

さらにこうした都市行政の動向を世界史的に位置づけておきたい。

ドイツ近代史では、「社会都市」という用語で、二〇世紀における都市行政を特徴づけている。救貧行政のみならず、「生存配慮」とまとめられる諸施策、すなわちエネルギー供給、社会インフラ、保健衛生、住宅、文化・教育などを含む給付行政に対して、都市の行政が積極的に関与するというあり方である（馬場二〇〇九、二〇一六、森二〇二二）。

まさに大阪市の事例はこれにあたるであろうし、東京市の第一次世界大戦の頃からの行政のあり方から、社会都市と呼んでよいのではないかと考える。

オーストリアのウィーンでも一九世紀末から二〇世紀にかけての、キリスト教社会党のルエーガー市長時代には、ガス事業市営化、市営交通、電力供給、上下水道、屠場《とじょう》、貯蓄銀行の整備、それに社会福祉や教育政策も展開された。ここにみる「キリスト教社会主義」は、マルクス主義とは明確に一線を画しつつ、資本主義の弊害を是正しようとした。同時に、反ユダヤ主義的色彩をもっていたことが指摘される。

また第一次世界大戦後には社会民主党市政となり、社会主義的な立場からの独自の福祉・健康管理政策、それに公営住宅政策などが行われることとなった（田口二〇〇八）。特に公営住宅政策は、ナチ・ドイツの解体を経て戦後においても展開され、住宅ストックの面で大きな成果をあげている。

田口晃は、世紀転換期以後のウィーンの事例から、都市は社会問題を生み出す場であるとともに、その解決策が提起され、新しい公共性を作り出す実験場であると指摘している。これは、大阪市や東京市についてもいえることであろう。

†公設市場・食堂・職業紹介所

総じて、二〇世紀のはじめから大戦前後まで、世界の大都市では、社会都市と呼ぶにふさわしい政策が行われた。

さてこの時期の都市社会政策を、さらにみていこう。内務省は一九一七（大正六）年、地方局に救護課（のち社会局となる）を設けて、東京市も一九一九年末に社会局を設置して、のち公設市場、公営住宅、簡易食堂、児童託児所、公衆浴場、職業紹介所などを整備していくのである。またこの時期には、各地域に方面委員（現在の民生委員）が設けられ、生活困窮者への対応が行われていく。

このなかで、まず公設市場についてみてみよう。公設の小売市場というのは、特に米騒動への対応として都市が設置したものである。この時期の東京の場合、東京市直営の公設市場、東京府市場協会が経営する協会市場があった（山口二〇一四）。これらをまとめて公益市場と呼んで、民間業者による私設市場と区別することもある。

東京市では、米騒動の頃の物価高に対応するものとして、協会市場、公設市場がつくられたが、物価の下落とともに衰退した。震災時にもテント張りによる市場が多くみられたが一時的なものであり、一九三〇年代になってからは経済停滞に対応する市営の市場が設置された。これらは標準価格を公示することで、民間の小売価格を抑える役割があったが、長くは続かなかった。

しかし他の大都市では、その後も拡充される例が多い。例えば名古屋市の場合、同じく米騒動対策として、米の廉売や生活必需品の販売のため、いくつかの公設市場がつくられた（『大正昭和名古屋市史　第八巻　社会篇』）。名古屋市では第二次世界大戦後においても、公設市場の役割は大きく、現在でもいくつかの市場が運営されている。

図9　深川東京モダン館（旧東京市営深川食堂、2022年8月）

東京の場合、公設市場はあまり機能しなかったが、協会市場にはある程度の発展がみられた。これらの市場では、現金販売と商品の持ち帰りという形態がとられており、この方式が私設の市場に受け継がれたという。この時期に一般に行われていた、後日にまとめて代金を支払う掛け売りを行わず、また各家庭に注文をとりに行き配達もするような、いわゆる「御用聞《ごようき》き」の形もとらないということである。

　関連して、東京市にはいくつかの簡易食堂も設けられた。これも米騒動、関東大震災あるいは昭和初期には大きな役割を果たした。一九三二（昭和七）年に設置された深川食堂の建物は現在、深川東京モダン館となっている（図9）。

　ここでは職業紹介所についてもみておきたい。もともと職業紹介は、民間の営利事業として行われていた。東京にも江戸時代以来の口入《くちいれ》業者が存在していた。なかには悪徳業者もあり、就職口の情報を与えて手数料をとるが、その働き口はダミーであるような求職者を欺《あざむ》く行為もあれば、女性の求職者をだまして娼妓《しょうぎ》などに売り飛ばすような事例もあった。

それ以外に、慈善団体などの紹介所もあったが、一九一一（明治四四）年に内務省の補助により東京市の職業紹介所が設置されていた。これは非営利主義のもとで運営され、職工や土建現場の日雇い労働、店員、配達人、女性には「女中」などの口を無料で紹介した（町田二〇一六）。同時に、宿泊事業や授産所《じゅさんじょ》を併設する場合も多かった。

第一次世界大戦の時期には、日本産業の国際的な地位が上がり、重化学工業化の進展がみられ、好景気による生活水準の向上が顕著となった。そして国内では労働運動・農民運動が発展し、普通選挙を求める要求も強くなっていった。それを背景に、社会政策も新たな段階に入っていく。さらに一九二〇年代には、反動恐慌によって景気にかげりがみえ、関東大震災の影響で人々の生活擁護の要求はますます強くなる。

こうしたなかで昭和期にかけて、東京市社会局はさまざまな階層に対する対策を担うようになる。草間八十雄《くさまやそお》という人物は、東京の社会政策の担い手として極めて重要な役割を果たした。彼は内務省嘱託《しょくたく》として東京市に入って、市社会局で活躍した（安岡一九九九）。

草間は内務省では「臨時細民《さいみん》調査」に関わって、都市下層民の生活実態調査を行った。また「浮浪者」とその食や野宿の状況、関東大震災後のバラックの調査、水上生活者の調査などにもたずさわっている。水上生活者とは、水運に従事し艀《はしけ》などで生活をする人々のことである。

他方、草間は芸妓《げいぎ》・娼妓などの職業紹介業と、彼女ら自身の生活実態に関する調査も行っていた。それらの調査は、都市社会のさまざまな側面をみるうえで、現在でも貴重な史料となっている。また東京市社会局には磯村英一《いそむらえいいち》がいた。彼も草間のもとで社会局の調査に従事して、東京市の社会政策の中心的担い手になり、戦後は都市社会学者として活躍した。

†「行き倒れ」る人々

さて草間が力を入れた調査として、「浮浪者」の実態を明らかにしたものがある。近年、東京の「浮浪者」と、それらの人々が命を落としていく「行き倒れ」の実態について、研究が進んでいる（竹永二〇一四、二〇二〇）。東京は人口の多さからもわかるが、「行き倒れ」が最も多発した土地であった。

あちらこちらを転々と移動して生活をする人々が病気になり、あるいは命を落とした場合、行旅病人及行旅死亡人取締法《こうりょびょうにんおよびこうりょしぼうにんとりしまりほう》によって、救護などの取扱い責任が決まっていた。一九〇六（明治三九）年にはその救護の責任の主体が、本人の住所のある地から救護地の自治体に変わっていた。つまり東京府内で「行き倒れ」た人については、東京府、市、区が埋葬などを含めて行う必要が生じたのである。

一九二五（大正一四）年の調査などから、東京府内で調査対象となった「浮浪」する人々は、本籍を東京府に置く者が三八二名で四四・三％を占め、そのうち東京市内が三二四名である。また他道府県は三六四名、朝鮮半島が一〇名、不詳が一〇六名であった。在京期間は一年以下が一〇二、一五年以上が一八九と、東京府内に長く滞留している者も多い。彼らの「浮浪」前の職業は、男性では日雇い労働が多く、女性は家事使用人が多い。そして「行き倒れ」た人たちの発見場所は、六〇七名が東京市内で、郡部が二五一名となる。この郡部のうち北豊島郡が一六三名であった。

このことから、東京においては、他府県から市内や北豊島郡など周辺部に流入し、同地に定着しながらも定住するに至らず、その定着地を離れて市内、周辺郡を移動し、「行き倒れ」ていくという、一つの型がみられる。

また、家をもたない人々は、木賃宿《きちんやど》を利用する場合もあった。木賃宿は設置を許可された地区に置かれ、浅草、本所区小梅業平《こうめなりひら》町、深川区富川町、その他隅田川東岸・西岸、市域周縁部、隣接郡部の東京市に近いところなどにあった。こうした場所にも「浮浪」する人々が集まった。

また明治期には、次のような事例が確認できる。一九一〇年八月、ある五十代後半の女性が福島市で警察に「行旅病人」として保護された。彼女は秋田県出身で、両親はなく貧しい弟のみがあり、眼病をわずらい夏の暑さで動けなくなったという。市役所で今後どうするかと聞かれて、東京にでも行って「慈善病院」の治療を受けてみたいと答えていた。

実際、先の一九二五年の調査では、「行き倒れ」の発見場所は北豊島郡と、市内では小石川区に多かったという。養育院は震災後に小石川区大塚から北豊島郡板橋町に移ったが、やはり「行旅病人」といわれる人々は、救いを求めてこの地域に集まってきたのだろうか。

†朝鮮人と東京

東京のみならず多くの都市に、朝鮮人が居住していた。韓国併合により日本の植民地とされた朝鮮から、労働の場を求めて移住し定着した人々である。鉄道・道路・水力発電所などの大規模土木工事における、低賃金の土木労働者として働く者が多かった。

朝鮮人が日本へ渡航する背景として、外村大《とのむらひろし》は次のようにまとめている。まず植民地朝鮮での慢性的な耕地不足が存在した。また植民地となって土地調査事業が実施され、土地の所有権が確定する一方、多くの農民が従来の耕地を奪われて没落した。しかし朝鮮では、農業から離脱した人々を吸収するほどの労働市場はない。こうした没落しつつある農民を抱える朝鮮半島の南部と日本内地は距離が近く、内地の賃金水準は朝鮮より高いという状況が存在した。他方で、危険、非衛生的、長時間労働などの職種に低賃金で、朝鮮人を就業させることを歓迎する日本側の資本家の要求も存在した（外村二〇〇四、二〇〇六）。

こうして、多くの朝鮮人が日本に来たのである。特に大阪市は、朝鮮人人口の多さで際立っていた。同市では、一九三〇年代半ばに総人口の五％程度を占めるほどであったが、東京市では一九三〇年代末から四〇年代はじめに一～二％を示す程度である。

東京市内における朝鮮人の集住地区は、主に芝区、深川区、城東区、荒川区、豊島区などに展開していた。城東区大島《おおじま》町、南砂町などでは、市に編入される前の一九一八（大正七）年頃に運河の開削《かいさく》工事に従事する労働者として来住した例が多い。荒川区南千住《みなみせんじゅ》、三河島《かわしま》では、工場地帯への来住を目的とした。後者は「不良住宅地区」をもつ場所でもあり、朝鮮人は日本人が所有するバラックの平屋長屋などに住んでいた。

多摩川での砂利採取などにも多くの朝鮮人が従事していた。北多摩郡調布町（現在の調布市）の多摩川沿いの河川敷などに、朝鮮人の集落が存在した。ここを含む北多摩郡の砂利採取に従事する朝鮮人の労働団体である労働一新会によると、一九二七（昭和二）年には同郡に二〇〇〇人以上の朝鮮人がいた。

また京王御陵線《けいおうごりょう》（多摩陵までの線であるが、すでに廃線）工事にも従事していたが、事業が終わると仕事はなくなるので、八王子市の都市計画事業による道路舗装工事での雇用を希望する者も少なくなかった。しかし、経済の停滞で仕事が少なくなるなか、失業対策事業で日本人労働者と競合し、それが彼らに対する差別意識を助長することにもなったのである（中村二〇一八）。

†関東大震災と朝鮮人

時代は戻るが、関東大震災と朝鮮人虐殺について述べよう。一九二三（大正一二）年九月一日に発生した震災において、朝鮮人が暴動を起こした、放火したなどという流言《りゅうげん》が起こった。流言は東京だけではなく、横浜、川崎その他、さまざまな地域で確認されている。また東京からの連絡をもとに、各地で新聞の号外が発行された際に、これらの流言が事実のように記載されている例も多い（姜・琴一九六三）。

こうして地域で組織された自警団などの構成員が、通行人を誰何《すいか》して、日本語でうまく返答のできない者などを殺害した。また官憲の暴力もあった。殺害されたなかには朝鮮人だけではなく中国人、そして日本人もいたのである。土木工事などのために東京市やその周辺に在住する朝鮮人は多く、先に述べた荒川放水路の工事でも朝鮮人が働いていたが、ここでも虐殺事件が発生している。

では警察の対応はどうだったのか。九月二日午後、内務省警保局長名で朝鮮人が放火を行ったり、爆弾を所持しているので厳重な取締りを行うよう通牒が発せられている。このように、民衆の噂に警察がお墨付きを与えることで、情報が拡散していった。

また官憲がそうした情報を流した事例もあった（田中二〇二二）。三日になると、警視庁が「不逞鮮人《ふていせんじん》の妄動《もうどう》の噂《うわさ》、盛《せい》なるも、右は多くは事実相違し訛伝《かでん》（あやまり）に過ぎず、鮮人の大部分は順良なるものに付《つき》、みだりにこれを迫害し、暴行を加ふる等、これなきよう注意せられたし」というように、朝鮮人に危害を加えることを抑えようとした形跡がある（中央防災会議二〇〇八）。

虐殺事件の背景をみていこう。一九一九年には朝鮮の独立を訴える三・一運動があり、植民地支配に対する根強い反発が朝鮮に存在することが示された。朝鮮人の暴動という言説と、それに基づく日本人による暴力は、大震災のなかでのパニックという条件だけでなく、むしろ民族独立運動への反感あるいは恐怖心や、民族的な差別意識によって生み出されたといえよう。

また亀戸《かめいど》警察署で警備にあたっていた軍隊による社会主義者の殺害、そして九月一六日に発生した憲兵大尉甘粕正彦《あまかすまさひこ》による無政府主義者の大杉栄《おおすぎさかえ》と伊藤野枝《いとうのえ》、大杉の甥の殺害も、震災という状況のなかで反体制的な動きを封じ込めようとする試みに違いない。

震災時の虐殺事件で殺害された朝鮮人の数は、多く見積もったもので、六〇〇〇名以上とされてきた。これは、震災直後に行われた朝鮮人による調査結果によるもので、上海の大韓民国臨時政府機関誌『独立新聞』に記載された数字である。

また在日本関東地方罹災同胞慰問班調査によると、二六一三という数字があげられている。これは吉野作造《よしのさくぞう》にも伝わっていた数字である（山田二〇〇三）。六六四四ともいわれる数字から、遺体未確認の一七九五、追加で報告があった二二五六を除くと二六一〇となる。以上は、事件発生直後の混乱のなかでの調査なのだが、現在のところの犠牲者数として一つの有力な数字である。日本政府の中央防災会議専門調査会は、殺害された朝鮮人・中国人それに日本人が震災犠牲者（約一〇万人）の一〜数％としている（中央防災会議二〇〇八）。

毎年九月一日、両国駅近くの横網町公園で関東大震災の犠牲者を追悼する行事が行われている。ここは震災で多くの犠牲者を出した被服廠《ひふくしょう》跡地である。そして公園内には朝鮮人犠牲者の追悼碑があり、六千余名の犠牲者があったと記されている。ここでも毎年追悼行事が行われ、歴代知事が追悼文を送ってきた。しかし都議会で二〇一七（平成二九）年に、この数字を不正確なものとし、また朝鮮人虐殺に対する誤った認識に基づく発言があり（「東京都議会会議録第四号」二〇一七年三月二日）、小池知事はその後、追悼文の送付を行っていない。

六〇〇〇名以上という数字は、政府の調査が極めて限定的ななかで長く採用されてきたものであるから、これがもし正確でないとしても、知事が追悼文を寄せるという慣例を転換させる理由にはならない。また朝鮮人が集団的暴行を行ったことが、自警団による虐殺を招いたという言説が当時あり、都議会でもこれに類する発言がみられた。だがそうした集団的暴行の犯人なるものが、裁判にかけられた事例はない（加藤二〇一九）。

したがって、追悼文送付をやめる理由はまったくないはずだ。東京都は、震災と朝鮮人虐殺から一〇〇年を機に、この事件の本格的な調査を実施してみてはどうだろうか。

†昭和初期の貧困を生きる

昭和に改元されてまもなく金融恐慌があり、また当時の政府が金解禁に向けて緊縮政策をとっていたため、経済の停滞が続いた。さらに一九二九（昭和四）年一〇月のアメリカでの株価暴落から始まった世界恐慌は、日本にも甚大な影響をもたらした。特に農村では「米と繭《まゆ》」に依拠した農家経済に決定的なダメージを与えた。都市においても、産業合理化のために企業が労働者の解雇を行うなど、失業が社会問題化することになる。

こうした時期に、東京府南葛飾郡本田町《ほんでんまち》（市域編入で一九三二年一〇月から葛飾区となる）に住んでいた小学生である豊田正子は、本田尋常小学校の訓導《くんどう》である大木《おおき》顕一郎《けんいちろう》の指導により、自分の生活のなかで起きたことを綴方《つづりかた》（作文）で書き表した。これは大木の手によって出版され話題となり、演劇や映画もつくられた。ここでは正子の綴方を中心としながら、貧困を生きる人々の生活のようすや、彼らをとりまく世相などをみていきたい。

なお正子の綴方は中央公論社の『綴方教室』（大木一九三七）、『続綴方教室』（豊田一九三九）、『粘土のお面』（豊田一九四一）所収のものがあるが、一部文言が削除されていることもあり、戦後に編集された本（豊田一九八四、豊田一九九五）も使用する。それから映画は、一九三八年に東宝映画で山本嘉次郎《やまもとかじろう》監督、高峰秀子《たかみねひでこ》主演、清川虹子《きよかわにじこ》、徳川夢声《とくがわむせい》、滝沢修《たきざわおさむ》などの共演でつくられた。

正子の住まいは、荒川放水路の堤防近くにあった。葛飾区になってからの住所は本田木根川《ほんでんきねがわ》町である。家は三軒長屋で、路地には同じような二〜三軒の長屋らしき家屋が並び、銭湯も近かった（杉浦二〇一七）。ここに父（由五郎《よしごろう》）、母（ゆき）、弟二人と住んでいた。のちに子供は増え、三男、次女も生まれる。

正子の父はブリキ職人である。埼玉県から上京し、職人となり同県草加《そうか》出身のゆきと結婚した。正子は一九二二（大正一一）年に本所区小梅《こうめ》で生まれ、向島（南葛飾郡寺島町）に移り、さらに区画整理のため、曳舟通りの方に転居した。この時、父は店を構えたのである。震災後には住居やインフラの再建が行われたため、雨樋《あまどい》をはじめブリキ細工の需要が多かった。だが一九三〇年には復興事業は一段落し、おまけに緊縮財政と不況の影響が作用してか、父の仕事がなくなって家賃も払えなくなり、一九三一年秋頃に本田町に夜逃げをした。

正子は一九三二年の四年生の時、本田小学校で大木の指導を受けることになった。最初に書いた作品である「光男」は下の弟を観察したものであり、何度か書き直すなかで、四つになる子供のようすが、よくわかるようになる。

一九三七年に刊行された本には書かれていないのだが、光男はよその人や八百屋さんなどが来ると、「おじちゃん、おまんこ、ちた」と聞くのだという。それに対して大人が「としよりだからしないのよ」と笑いながら答えると、「うちょだよ」といい、家中が大笑いする。また光男はお金を一日一〇銭使うという。これはあとで述べるが、かなりの額だ。こうした弟を「私は、ほんとうにかわいい光男だと思います」と結ぶ。

ここからは、三、四歳の子が無邪気に性行為の有無を大人に聞き、それをはぐらかされると次の一手で追及するようすがわかる。「九尺二間」の生活のなかで、夫婦のプライバシーを維持するのは難しいだろうが、意味がわかるのかどうか不明にせよ、子供たちがそれを近所の人々とのコミュニケーションのトピックにしていることが興味深い。

また「ゆうべ」は、母が「ほうむいん」の家にいって留守の間、正子がほうれん草をゆでて、まもなく帰って来た父や稔（上の弟）と食べるという話から始まる。そしてその

「ほうむいん」の水野さんという人の奥さんが学校の先生をしているが、病気になったということが書かれている。水野さんを探しにいくと、近所の酒屋にいたというので知らせにいき、父も水野家に見舞いにいったということである。大木先生は「ほうむいん」とは何か、正子に尋ねる。正子は失業した人などの世話をする人だと答えたので、方面委員《ほうめんいいん》だということがわかる。また水野さんの奥さんが仕事に出ているので、正子の母が家事の手伝いをしているのだった。

正子の初稿をもとに大木が聞くと、父が浦和まで仕事にいっていたことも明らかとなる。のちに浅草に仕事の代金をとりにいった父は、そこに置いておいた自転車を盗まれてしまう。つまり葛飾区から浦和まで自転車で仕事に行っていたのである。片道二時間はかかるだろうが、そこまでしないと仕事がなかったということだろう。

†貧困のどん底

正子が大木に指導を受けながら次々と綴方を書いたのは、一九三二（昭和七）年の春から冬にかけてである。夏休みの頃、「うさぎ」（豊田一九八四）という作品を書くが、これは雑誌『赤い鳥』に掲載されるほどの出来ばえであった。しかしそのことが、大きな問題を起こすことにもなる。

長屋の丹野さんの奥さんが、子供を連れて田舎に帰るという。どうも一方的に離婚させられたらしい。そこで飼っていた兎を正子の家に託すのだ。丹野さんの奥さんは、正子の母に近所の有力者である松本さんにもあげようと思ったが、「大《だい》じん《（尽）》でも、けちくさい」のでやめた、と陰口をいう。正子はその兎のしぐさを事細かに観察し、入手の経緯から、一家総出で飼育するようすまでを綴ったのである。それが『赤い鳥』に採用され、正子は有頂天となった。母はごほうびに洋服を買ってやった。

ところが、松本の陰口が書かれた綴方を、同じ学校に通う子供から聞いた松本本人が、文句をいいに来た。松本は在郷《ざいごう》軍人で、貸家をもち職人に仕事を差配する請負《うけおい》業を営む地域の顔役であった。父母は非常に困惑した。なぜなら正子の父は、松本から仕事をもらっていたからである。職人である父は、仕事の口に恵まれる状況ではない。松本などから仕事をもらい糊口《ここう》をしのいでいた。

怒った母親は正子を叱る。すでに正子に『赤い鳥』をみせられていたが、彼女は字が読めない。映画では母が正子を、仕事がもらえなければ、明日から御飯が食べられない。書いて良いことと悪いことがあるだろうなどとなじる。正子は声をあげて泣く。高峰の演技力もあいまって、この映画のなかでも、ひときわ劇的な場面である。

映画のシーンで、母は怒りながら正子を長屋の井戸の近くに追い立てる。ここでは、井戸端の親子の深刻なやりとりを背景に、座って砧《きぬた》で洗濯物をたたく朝鮮人の女性の姿がうつしだされる。正子の住む長屋近くの朝鮮人のことは、綴方に確かに出てくる。かつて荒川放水路の工事に朝鮮人が従事していたことは先に述べた。

有馬学《ありままなぶ》は、この映画のシーンを分析し、ここに登場する朝鮮人はこの地域の下層社会の一員であるが、長屋コミュニティの一員にはなっていないとする（有馬二〇一〇）。近くで生活しても、日常生活を共有する機会は多くなかったのだろう。確かに戦前の東京におい ては、朝鮮人を主な顧客とした市場は大阪市ほど多くなかった。また東京に朝鮮料理の店もあったが、新聞広告を出していたものに限ると早稲田、神田あたりに集中していた（外村二〇〇六）。それらを合わせても十数軒であり、戦前の時期において朝鮮料理は、日本人にとってあまり接する機会のない食べ物だったという。

さて有力者との一件は、大木が直接わびを入れて何とかおさまったようだが、この年の冬には父の仕事がまったくなくなってしまう。父は毎朝、正子の小学校近くの職業紹介所に並んだ。登録労働者として土木工事の仕事をもらうためである。仕事は抽選に当たってようやくもらえるのだが、当たらなかった者に支給された「お米のふだ」と、いくらかのお金を正子が米屋にもっていき、わずかの米を買ってくることもあった。

学校にいく前に、母にいわれて米を買いにいく正子は、その小さな袋が何かを、道で出会った友達に聞かれるのが嫌だった。そのうち糠《ぬか》をもらってきたんだと、ごまかすことも覚えた。

「お米のふだ」とは、三井財閥の寄付による食糧券である。一九三二年には血盟団《けつめいだん》事件、五・一五事件が発生している。財閥・政党政治への批判が強まるなかで、社会奉仕の意味で行われた寄付であろう。この綴方が書かれた時代は国内政治の転換点であり、また満洲事変が続いている時期でもある。

先の兎がなぜ飼われていたかというと、子ウサギが生まれると一匹二〇銭ほどで売れたという事情があった。兎の皮は軍用として必要だったからだ。このご時世にもかかわらず、正子の綴方には戦争をめぐる情報はほとんど出てこない。教師によっては、出征兵士などを題材にした、「勇ましい」綴方を書かせる場合もあったが、大木の指導はそうしたことを意識的に避けているようにもみえる。

†子供の労働のありよう

四年生も終わる頃、正子はセルロイド工場に働きにいくことになった(「彩色屋」)。クラスの友人が誘ってくれたのである。正子は学校で「弁当をもらっている」ので、少しでも働こうと思った。担任の大木は正子の家の窮状をみかねて、生活困窮児童のための給食を手配したのである。

一九三二（昭和七）年の調査だと、給食を提供されている児童は旧市域では四谷区、新市域では荒川区、深川区、本所区、城東区、葛飾区、江戸川区に多かった。給食の方法は、近隣の食堂などに依頼する請負制、学校の自己調理、パン券などを支給して児童が各自で購入するというものだが（『要給食児童調査』）、正子がどのように食べていたかはわからない。

こうして彼女は、人形の顔に色を塗る仕事をして家族の生活を支えた。仕事を始めると、綴方をなかなか書けなくなった。その後、正子は小学校を卒業し、レース工場で働き始める。

小学校や高等小学校卒の年齢の労働者は、女性の場合、正子のように工場労働や商店勤務の他、家事手伝いに従事することも多い。一方、一九三五年の東京市の調査では、男性の場合、商店や工場に勤める際には住み込みが多かった。米屋、八百屋、呉服屋、文房具店など、さまざまな商店に住み込みで勤める少年（『住込小店員・少年工調査』）は、「小僧さん」などと呼ばれた。

もともと年季奉公という形で、その店の家族と一緒に生活して小遣いをもらい、さまざまな技術を学び、のれん分けで一人前になるというものである。調査が行われた昭和初期には、すでに月給制が六割で、年季奉公の形態もあるが、たいてい徴兵適齢期までの契約で、年季明けに給与が支払われたという。また独立援助という形で支給が行われる場合もあった。

一九二〇（大正九）年発表の志賀直哉《しがなおや》の小説「小僧の神様」に出てくる仙吉は、神田の秤店《はかりてん》に勤務する一三〜一四歳と思われる少年だが、一九三五年頃の東京市では一三歳以下で働き始める者は多くない。就職時一六歳が最多だという。

さて正子の話に戻る。映画では母が、正子に芸妓として働くように仕向ける話が出てくる。教室に残ってふさぎ込んでいる正子の綴方に、大木が目をとおしてわかった事実である。しかし何とか父親が常雇いの仕事に就くことができ、母が明るい顔で大木の家にお金を返しつつ報告に来る。そして映画のエンディングは、卒業式を迎えた正子が友達と大木を囲んで歩きながら、自分が働きに出る工場を指さして教えているシーン、また仕事に通い始めた正子の明るい顔である。

この映画の部分は創作が多い。また実際には、正子が小学校を卒業して働きに出ても、家族の生活はそれほど楽にはならなかった。「お勘定」には正子の給料日を待ちこがれ、支給が遅れると母親が正子の浴衣を質屋に入れようとする話が出てくる。また正子を芸妓にしようとする話も、小学校卒業後の綴方「芸者」にある。近所の人に話を聞かされた母

図10　南龍館通商栄会のプレートのある電柱（墨田区八広）。正子が葛飾に行く前に住んだ家の付近（2020年9月）

は、「ねぇ、正子が芸者かなんかなって家へ金が入れば相当助かるよね。まあ、五百円としたって、ちょっとした家を建てられるからな」などと持ちかけた。正子は皆が寝たあと、そのことを考えて眠れなくなる。

　彼女はそのうち小学校二年生の、寺島町の曳舟川近くにいた時分に、おでんやのおふうちゃんという女性に連れられて写真館にいったことを思い出した。母親に、正子はおふうちゃんと一緒に大阪にいくことになると聞かされた。その後まもなく、一家は四《よ》ツ木橋《ぎばし》を渡って夜逃げしたわけであるから、豊田家がかなり生活に困っていた時期である。実際には芸妓になることはなかったが、彼女にとっては非常につらい思い出だったに違いない（図10）。

†『綴方教室』の反響

『綴方教室』は当時非常に話題となった。築地小劇場で演劇として上演され、映画もヒットした。ちなみに映画の撮影には正子も呼ばれ、世田谷の東宝撮影所まで出向いていた。長屋のセットは家の並び方が違うが、とても似ているのに驚いたと感想を述べている（「『綴方教室』の撮影を見る」）。また文学作品としても、川端康成《かわばたやすなり》が「どんな老練の作家でも、此子供《このこども》の文章に接して、自ら省《かえりみ》るところがあろうし、またかなわないと思うだろうというのは、そこに文学の故郷の泉を見るからである」と高く評価した（山住一九九五）。

また正子の描く深刻な生活は、同時代の研究者にも研究意欲を与えた。経済学・社会政策研究者で戦後、東大総長を務めた大河内一男《おおこうちかずお》は、戦時の国民生活を分析するため、個人の消費生活と勤労生活の連関を考察することが重要であると述べた。その際、「われわれが豊田正子の『綴方教室』にこの上もなく魅力を感ずるのは、それが稀にみる素直さを以《もっ》て一労働者家族の日常生活の連鎖を描いて「事件」を創作しなかった点にあると共に、また其処《そこ》に描き出された家庭生活に於《おい》て、消費生活と勤労生活とが最も直接的に、最も鮮やかに関係づけられてゐるからでもある」（大河内一九四〇、有馬二〇一〇）と述べた。

正子の綴方は、担任の大木によって書き直されているところもある。とはいえ、時代状況に規定された、労働、生活、地域社会、社会政策、児童教育などの連関を具体的に検討する格好の素材である。

実際にこの綴方から、豊田家の家計について分析したのが、社会政策研究者の永野順造《ながのじゅんぞう》である（永野一九三九）。彼は、ブリキ職人である父は月に一五日から二〇日程度の仕事しかなく、登録労働者として四日か五日に一度、仕事がもらえるとすれば、だいたい月収三五円からどんなに頑張っても四〇円ほどであろうと推定している。

一九三〇（昭和五）年の国民所得調査報告では、世帯の九割以上は平均月収で四六円二五銭というが、その数字はそのまま信用できないにせよ相当広範な層を包含する。それに母が月三円程度、五年生になった正子が工場に出て日給二〇銭程度をとる。そうしたなかで親子六人（のち弟が一人増える）で食べていくので、食費は六〇〜六五％（少なくとも二四円程度）、住居は六畳と二畳で家賃は七〜八円、光熱費などを入れると住居費は一〇円となる。そうするとこれだけで、父の三五円の稼ぎを超えてしまう。

二番目の弟の光男が、日に小遣いを一〇銭使うというのは、父の稼ぎからいって誇張だろう。しかし姉弟でこの程度は使うとして月に三円、父も日に一〇銭ずつ酒をたしなむ。当時、お酒は酒屋で量り売りをしていたのだ。それに正子らの学用品はどうする、などと考えると心配になってしまう。

永野はまた米を買う際のエピソードを取り上げ、分析している。豊田家は、ふだん米を、後日の支払い（掛買い）で買っている。そして、そのつけをためていたため、母が米を買おうとして米屋に金を渡したら、米屋は米を量るふりをして渡さず、以前の代金にあててしまったことがあった。父と母は、これを「ペテン」だといって怒っているなかで、正子は、前の分を払っていないのだから「ペテン」ではない、と冷静に反応する。むしろ父母の主張の方が「ペテン」であるともいえる。

永野は、父母には正子のいう正しい道理は通用しない、彼らは常に掛買いで米を買っているのであり、生活維持の抜け道として「ペテン」的購入を学んだのだと述べる。あるいはこれはある種の生活上の慣習として、広く行われていたのかもしれない。

少なくとも明治期までの日本社会では、富者が貧しい者に対して、さまざまな形で慈善的行為を行うことが当然視されていた。それは地元の新聞などで報道され、特に米価高騰時などに、そのような慈善行為がなされない場合は、紙上で糾弾されるか、直接民衆の非難の対象となることがあったという（大川二〇一二）。しかし、そうしたあり方は市場経済の浸透とともに衰退するのだろう。

ここでの正子の両親の「ペテン」という認識は、以上のような秩序観を反映しているようにもみえる。自分はひどい「ペテン」にあったと感じた母は、警察に相談したという。当然、正子の反応と同じ答えが返ってくるのだが。

また正子の父も、きちんと仕事をしたのに約束通り給金が支払われなかったため、やけになって暴れたことがある。「ペテン」は都市下層の生活世界で循環的に発生する。しかし、どこかで資本は増殖を繰り返していくというわけだ。以上のように、正子の生活描写は、さまざまな分野から反響があり、それは社会政策の方向性にも一定の作用をしたものとみてよい。

中川清《なかがわきよし》によれば、第一次世界大戦期の工業化で、工場労働者が都市下層民から階層的に上昇を遂げ、また都市下層民自体も全体として実質消費水準を上昇させていく。そして彼らは家族としての世帯形成を遂げた。そして昭和恐慌期には家計は赤字が恒常化し、実質消費水準を一〜二割低下させ、飲食物費も低下させていく（中川一九八五）。だが、一九三〇年頃には、そうした厳しい生活を営みつつも、何とか維持される生活の枠組が出来上がっていたという。まさに正子の家も、そのような例として位置づけることができるだろう。

†敗戦後の戦災孤児

昭和戦前期からの社会政策の歴史を、簡単に特徴づけておく。米騒動後に救貧のみならず、防貧政策も加わりつつ中間層対策も含めた社会政策が本格化するものの、不況・恐慌への対応は十分ではなかった。その後、日中戦争開始により戦時社会政策（厚生政策）が展開する。これは軍事援護、保健・衛生政策の強化を行い、国民を「人的資源」とみなして保護を強めることになる。しかし敗戦は、そうした戦時社会政策をも解体し、生活のあらゆる面での窮乏のみならず、戦争がもたらしたさまざまな傷跡に対処するという、困難な課題を行政に突き付けた。

例えば、空襲などで家と親を失った子供たちをどうするか、これは戦時期から戦後にかけての難問であった。なお豊田正子の上の弟である稔は海軍に志願し、敗戦直前に病死した。一五歳の光男は本所の工場に勤務していたが、一九四五(昭和二〇)年三月九日夜から翌一〇日未明にかけての大空襲で亡くなった。その下の弟と妹は、学童疎開中であり無事だった(上野二〇一四)。

三月一〇日の東京大空襲による戦災迷子は、養育院に収容され、親と再会できない子は栃木県塩原の分院にいった。戦災孤児のための学寮も設置されたが、その他多くの子供が、浮浪児となり路上などでの生活を余儀なくされたのである(山辺二〇二一)。

これらの子供たちに対し、東京都民生局による「狩込《かりこみ》」が行われ、施設に収容されるが、抜け出してもとの生活に戻ってしまう子も少なくなかった。上野駅の地下道と高架ガード下は、家を失った人々が生活する場となったが、そこには戦災孤児も多くいた。彼らが生活するための生業《なりわい》として、靴磨きが思い出されるが、道具一式と靴墨《くつずみ》代がかかるので、それほど簡単に営めるわけではなかったという(浅井二〇二一)。

以上はあくまでも、この時期にみられた生活困窮の一例である。敗戦後、政府は生活困窮者への対応を迫られ、一九四六年九月、生活保護法（旧）を制定した。しかし、これは保護請求権を認めたわけではなく、大変不十分なものであったため、一九五〇年の全面改正で、保護請求権を認め無差別平等、保護の補足性、保護の国家責任を原則とした運用を行うこととなった。

また外地からの引揚者の援護も、大きな課題であった。東京都は一九四五年九月頃に始まった引揚に対して、品川・東京・上野の各駅に臨時の相談所を設け、宿泊施設の斡旋や就職相談に応じた。

そして先にあげた児童以外にも、戦争によって家を失った人が多くいたので、それらの人々の保護も必要であった。上野駅地下道などには家を失った多くの人々がいたが、ここは立ち入り禁止となる。人々は仮小屋に移り、就職の斡旋などを受けながら生活を続けた。それ以外に、戦前の社会事業としても行われていた授産事業、公益質屋、民生食堂、生活館などが機能した。

敗戦後の社会政策は、本来の救貧・防貧対策と戦災による生活難の二つに対応しなければならなかったのである。

†住宅不足と団地・木賃アパート

また全国共通の問題であるが、特に空襲被害の大きかった都市部では、深刻な住宅不足に見舞われ、さらに海外からの引揚、復員も加わった。これに対して、敗戦後、まずは簡易住宅の建設が行われるなどの応急措置がとられた。戦後数年経つと応急措置だけでなく、住宅金融公庫法により、持ち家建設のための長期低利融資、公営住宅法の制定による低家賃住宅の建設が行われ始めた。

公営住宅という点では、東京市も戦前から市営住宅を有していたが、数は多くなかった。都営住宅の建設は、敗戦直後の応急簡易住宅、転用住宅から始まっていく。都営住宅入居者は、公募と抽選により決定され、非常に高い競争率であった。一九四八（昭和二三）年には陸軍戸山《とやま》学校跡地に、戸山ハイツと呼ばれる一〇〇〇戸以上の大規模な木造の住宅団地がつくられた。一九五一年には公営住宅法が制定され、都営住宅は困窮する低所得者向けの住宅として位置づけられ、さらに建設が進んだ（『住宅五〇年史』）（図11）。

他方、一九五五年には日本住宅公団法が制定され、大都市などでの住宅建設と宅地開発を推進する。これと同時に、一九五五年度に住宅建設十箇年計画が制定され、政府が計画的に住宅建設を進めていく。そこでは公営、公団、公庫、厚生年金の各住宅、さらに民間で建設される住宅を含めた建設が計画された。

なお公団住宅の賃貸の家賃は、一九五六年度平均で月額四六〇〇円であった（『日本住宅

図11　新旧の都営住宅（『東京百年史』第6巻より）

公団史』）。人事院の資料によると、同年の国家公務員（大卒）の初任給が八七〇〇円だという。だいたいの相場がわかるだろう。

当時の勤労者にとって公団住宅は、「高嶺の花」であったともいわれるが、ダイニング・キッチン（DK）を備えた新しい住宅のモデルとなった。DKは、ここに台所だけではなく食事する空間を設けることで、「食寝《しょくしん》分離」を可能とするものであった。

東京では一九五六年七月、三鷹の牟《む》礼《れ》団地などが入居者を募集した。最初は応募者があるかどうか不安だったので、住宅公団東京支所長などが、東京、新橋、新宿駅の改札前でビラまきをしたというが、東京支所の扱う首都圏の団地は、いずれも高い倍率であった。公団住宅での生活は、東京など都市近郊出身の都市中間層のノスタルジーをかき立てるようだが、ここでは取り上げない。

もちろん以上のような住宅の建設で、東京の住宅環境が十分に整備されたとはいえず、民間の木造賃貸アパートがたくさん建てられた。これは「木賃《もくちん》アパート」などと呼ばれ、たいてい「○○荘」というネーミングで、一間で風呂なしトイレ共同というところも多かった。これらがもともとの住宅不足に加え、高度経済成長期に急激に増加する住民の住宅需要に対応していたというのが現実だった。筆者は、東京ではないが一八歳までの多くの時期を、「○○荘」という名称の民間アパートや市営住宅で過ごしたので、この名は非常になじみ深い。

また戦後の住宅難のなかで、戦前とは異なる形の不良住宅地区も形成されていった。先にもふれた引揚者や戦災により住宅を失った人への応急簡易住宅、それに戦災の跡地、ガード下、河川敷、都市計画予定地などに建てられた仮小屋群がそれである。東京では一九五二年の段階で、例えば新橋ガード下、上野公園、隅田公園、浅草本願寺付近、後楽園などにそうした仮小屋に住む多くの人々がいた。のちには「不法占拠」として行政による撤去が行われる。

こうした地区には、在日朝鮮人が集住したケースもある。本岡拓哉《もとおかたくや》は東京における仮小屋群の実態を解明し、また在日朝鮮人社会への差別的なまなざしを批判しながら神戸、広島などの朝鮮人集住地区の研究を行い、歴史に残りにくい戦後におけるバラック街の実態を解明している（本岡二〇一九）。

†集団就職と若者の労働環境

戦災からの復興が一段落し、一九五六（昭和三一）年の『経済白書』では、「もはや「戦後」ではない」といわれた。戦争からの回復を通じての成長は終わり、これからの成長は近代化による、というものだ。その後の経済成長を知っている者からみると、順調に事態が進んだようにみえる。だがここでいう近代化がどんなものか、当時想像できたわけでないだろう。現実には、技術革新による近代化が進み、人々の生活と都市を大きく変えていった。

東京の人口も戦後の復興が進むにつれて増加し、二三区の人口は一九五〇年に五三八万人であったのが、一九五五年に六九六万人を超え、一九六〇年には八三〇万人以上となった。それから一九六五年の約八八九万人をピークとして頭打ちとなり、さらには減少に向かう。他方で二三区の近郊都市、多摩地方などの人口が増えていく。高度経済成長期に東京が経済の中心地であったことが、人口の爆発的な増加の背景であることはいうまでもない。

そして同時に、若年労働力に対する需要が大きくなり、工業・商業の多くの分野で働くため青年たちが東京にやって来た。この時期に特徴的なのが、いわゆる集団就職であった。これは昭和三〇年代の毎年三月に、地方出身の中卒(時に高卒も含む)就職者が、集団就職列車(一九五四年に開始)で大都市に集団的に移動したことを指す(加瀬一九九七)。

こうした形態がとられた理由を、加瀬《かせ》和俊《かずとし》は次のように整理する。東京では高校進学率の上昇などで、地元出身の年少者の雇用が難しくなり、雇用を地方出身の新卒者に絞った。また地方においては優良な就職の機会や情報が不足しており、都市での就職を希望する者が多かった。そして労働省・職業安定所にとっても、これが新卒者紹介の業務を拡張する良い手段であった。

中・高卒者の進学率をみると、東京や大阪という大都市圏と、特に九州、東北の諸県との間の地域間格差が非常に大きかった。こうして、東京の工場や商店などに、地方出身の多くの若者が勤めるようになる。働きながら定時制高校に通うという夢をもつ者も多かったが、実際には雇用主から許可がおりないことや、忙しくて事実上通学をあきらめざるを得ないようなことは、ざらにあった。

図12　都電三輪橋駅（映画「下町の太陽」より）

　このように、高度経済成長のもとで、多くの若年労働者が東京をはじめとした大都市に集まった。そうしたことが背景にあって、東京の工場などで働く青年を描いた映画も多くつくられた。

「下町の太陽」（山田洋次監督、松竹映画、倍賞千恵子主演、一九六三年）もその一つである（図12）。主人公は、集団就職により上京したわけではなく地元東京出身の女性で、墨田区の大手の石鹼工場で働いている。家族で木造の古い家に住み、上の弟は大学受験のため必死で勉強している。他方、下の弟は兄との待遇の違いからか、やや疎外感を感じ非行に走る気配もある。また彼女には同じ会社の事務職員として働く恋人がおり、彼は正社員となるために猛勉強し、また時には同僚を出し抜こうとする。

そしてサラリーマンと結婚して退職し、東京の公団住宅に住むようになった元同僚の女性を訪ね、その近代的な生活をみて驚くと同時に、「専業主婦」として夫の帰りを待つ姿に、女性の幸福とは何かという疑問をもつ。そんな彼女の前に、鉄工所で働く無骨《ぶこつ》だが心優しい青年があらわれる。

この映画で描かれるのは、一方では団地にみられる新しい生活様式や、出世競争のなかの会社組織や、大学受験という現代社会の諸側面である。他方では、工場と古い木造家屋が立ち並び、近所の高齢者が集まって日向ぼっこをしながら会話を楽しむようす、そして時に下肥《しもごえ》を積んだ荷車が通るという、東京の下町の姿である。東京オリンピック前の東京の社会のあり方を対比的に描いている点で興味深い。

†開発を支えた労働者たち

他方、この時代の東京には、急激に進む都市開発の現場で必要とされた多くの人々もやってきた。特に東京オリンピックに向けた突貫工事を担う労働者である。そのなかには、東京に多く存在した簡易宿泊所などに身を寄せ、日雇いで仕事を得る人々もいた。南千住駅から浅草方面にかけての山谷《さんや》には、多くの「ドヤ」(簡易宿泊所)が存在し、一九七一

（昭和四六）年には約一万四〇〇〇人が生活していた。

彼らの多くは男性であり、朝早く「手配師」により集められ、工事現場や港湾に働きに出た（江口一九七九）。職安からの紹介は、賃金も安く住民登録が必要となる。労働センターからの口は、簡易宿泊所の証明だけで済むが、ここも事実上「手配師」が仕切っている場合が少なくなかった。オリンピックに向けた施設建設や、道路整備、地下鉄工事など一九六〇年代前半の東京は、年中どこかで大規模な工事が行われていたので、大量の労働力が必要だったのだ。

だが開発が一段落し、また石油ショックなどで景気が後退すれば一挙にそこでの働き口はなくなる。すでに一九七〇年代後半には、山谷地域の簡易宿泊所で暮らす人々の年齢構成が急激に高くなっていた。一九七六年の調査では、回答者のうち七〇歳以上の約七三％が、山谷地域の簡易宿泊所に一〇年以上住んでいたのである。

能《の》川《がわ》泰《やす》治《はる》は、二〇一三（平成二五）年当時、大阪の釜ヶ崎に住んでいた朝井公夫（仮名）にインタビューを行い、彼の日雇い労働者としての労働と生活のようすを記録として残している。これも、あまり記録を残すことのない人々についての歴史資料として重要である。

朝井は函館で漁師の子として生まれたが、不在がちの父親のもと家計は非常に苦しく、母親の虐待もあって子供の頃に家出をしたこともあった。母が再婚し家を出ると、彼も東京・三河島の軍需工場で働いた。戦後、函館に戻ったこともあるが、のちには山谷で日雇い労働者として働いた。一九五六年頃に大阪に移り、時には東京方面の飯場にも働きに出たが、一九七〇年に「あいりんセンター」が設立されると京阪地域の飯場を中心に働いたという。だが七〇歳に近くなった二〇〇二年に仕事を失い、生活保護で暮らさざるを得なくなった。

このような日雇い労働者として生活する人々は、高齢になって、ある場所に定着することが多いのだろうが、朝井のように働き盛りの時期は、大阪、東京などいくつかの土地をわたり歩きながら、仕事のある場所に「手配師」「親方」の差配で赴いていることがわかる。戦後における国土の開発には、こうした労働者の力があった（金沢大学日本史学研究室二〇一四）。そして二一世紀に入って、彼らの高齢化に伴う問題が深刻化していくのである。

以上本章では、東京で生活する民衆に光をあてた。ここでみてきたような生活難や貧困だけではなく、現在もそれらとは異なる形での問題が存在する。それは東京という大都市に限るものではない。これらにふれる余裕はないが、本章で取り上げた事例は、現状を考える視点を提供することになるのではないかと思う。

第 4 章

自治と政治

有楽町、東京府庁・東京市役所の入った建物(『市政概要』1930年)

†東京府と東京市

本章では、東京の政治の歴史をみていく。特に東京市という自治体と政府との関係、戦後都政の展開について概観する。

東京市が一八八九（明治二二）年に発足した頃、東京府が三多摩を除く区域からなっていたことは先に述べた。一八九三年になって三多摩が東京府に編入され、府の範囲は現在の東京都とだいたい重なるところとなる。その頃の東京市は一五の区から構成され、一九三二（昭和七）年に市域拡張をして三五区になったこともすでに述べた。

また市の上部にあった東京府の知事は国の官吏《かんり》であり、内務省がその人事を行った。そして東京市長は、市制の定めによれば、市会で候補者を選定し任命されることになっていた。市長は助役、名誉職参事会員とともに市参事会《さんじかい》を構成し行政執行権を行使したのである。のちには市制改正で、市長が行政執行権をもつことになる。そして市の下にあった区の長は、市の職員がその仕事を担った。

以上のように、自治体としての東京市は誕生したのだが、一八九八年まで市長選任についての規定は適用されず、府知事が東京市長を兼ねていた。これを市制特例という。この特例は、東京市、大阪市、京都市に適用され、それぞれの府知事が市長の職務を遂行した。

これは国家にとって重要な三市に対して、国の統制を直接及ぼすことが目的であったといえる。

東京市についていうと、のち一八九八年一〇月一日に、特例が撤廃されて市長を市会で選任することになった。以後、この一〇月一日というのは、市域拡張などの開始日としても使われていく。さらに戦後は、「都民の日」として受け継がれていった。

また市会は、公民権を有する人々の選挙によって送り出された議員から構成される。国レベルの選挙が制限選挙であったのと同じく、市会の選挙では、地租または直接国税を年額二円以上収める者のみが、公民として選挙権を有することになっており、さらに議員の総数を三つに分け、納税額に応じて一級から三級の区分を設けていた。

多額納税者のグループに属する選挙人は、少ない人数で議員の三分の一を選ぶことになる。衆議院議員の男子普通選挙が実現するのと同じ頃、この等級選挙制は廃止され、納税要件も撤廃されて普通選挙が実施されるようになる。東京市の場合、一九二九年の市会選挙が最初の普選であった。

しかし普選といっても、あくまでも男性にしか選挙権・被選挙権は与えられなかった。すでに、女性に参政権を付与することを求める運動が展開されており、浜口《はまぐち》雄幸《おさち》内閣の時には、市制・町村制改正により女性に公民権を付与する法律案が衆議院を通過していた。

しかし貴族院をとおすことはできず、女性の参政権の実現は、第二次世界大戦終了後までまたなければならなかった。

†東京都の誕生は戦時下だった

東京都が成立したのは太平洋戦争の時期、一九四三(昭和一八)年七月であった。都制の内容については、それまでさまざまな構想と思惑が存在した。

もともと東京市は、市制特例撤廃後も、府知事と内務省の二重の監督を受けていた。よって東京市が府から独立する形で都となり、二重監督を克服することが東京市の要望であった。市域拡張の時期に東京市は、市部のみを都として独立を果たそうとするのだが、内務省の方は東京市と三多摩他の地域を一体のものとし、かつ都長を官選とする都制案を東京市に突き付けたのである。その枠組でつくられた一九三三年の都制案は実現せずに終わるが、日中戦争が始まったあと内務省では農村を含む自治制度の改正が議論され、そこでも都長の官選などを含んだ都制案が検討された。

以上のことから、内務省が徹底的に東京市をコントロールしようとしたことがうかがわれる。

最終的に一九四三年七月、東京市と東京府は廃止され、三五の区からなる東京都が誕生した。戦争により特に中心区の人口が激減したので、一九四七年三月に区の再統合を行って二二の区としたが、すぐ同年八月に二三の区に再編される。これが現在の二三区の始まりであった。

東京都が誕生したのは、すでにガダルカナルから日本軍が撤退し、戦局がますます不利になっていく時期であった。東京都の誕生で、東京府知事という役職もなくなって、東京都長官という名前になるが、これは国の官吏の役職であった。都長官選になったことは、これまで自治権の拡大を主張してきた東京市が、内務省に敗北したことを示していた。

その際、内務官僚の古井喜実《ふるいよしみ》という人物は、東京市が自治を求めながらも、これまで市会自身が自ら自治をおとしめてきたのだと主張した。また彼は、市あるいは市会が自治の単位になるのではなく、すでに町会（町内会）が真の自治を担っていると述べた。町内会は都市における地域社会の単位として、実際に機能していた。一九四〇年の内務省訓令で全国に町内会・部落会が整備され、太平洋戦争の時期には物資の配給なども担う重要な住民組織となっていたのである。

もちろん、町内会などが市会と同じ機能を果たすわけではなく、これは市の自治権を奪うための口実だった。しかし東京市と市会の自治がなぜ、このような形で問題とされたのか。それは市会の歴史をみなければ、よくわからないだろう。したがってここからは、明治期にさかのぼって市会のようすをみていこう。

†汚職が多発した東京市会

東京市会は、公民の選挙によって選出された市会議員から構成されていた。明治期の市会議員は、主に自由民権運動の流れを引く政党に所属する政治家からなった。例えば、星《ほし》亨《とおる》のような人物である。市会では市の事業に伴う予算を審議する。その際、議員がその予算の配分などに関わることになり、しばしば汚職が発生した。明治期には市区改正事業のもとでの水道管の購入など、都市行政の事業をめぐる汚職が多発した。星自身も市会に多大な政治力を行使していたことから、腐敗の元凶とみなされ、一九〇一（明治三四）年、不幸にしてテロによって命を落とす結果となった。

また時代はくだり、衆議院で男子普通選挙による選挙が始まった翌年である一九二九（昭和四）年に、さらに大きな事件が起きた。この時期は震災復興事業の真っただなかであり、それにからむ予算配分をめぐって市会議員の不正が発生した。

代表的な事件は、日本橋にあった魚市場を築地に移転させる際に起こった。これまで、魚市場に店を出すために必要な権利が売買される慣習があった。移転を機にそうした取引をやめるため、市がその権利の保持者に補償金を出すかどうかが市会での争点となった。

結局、市の予算から支出されたのだが、そこで贈収賄《ぞうしゅうわい》が行われていた。その発覚により多くの議員が逮捕され、市会は内務省から解散を命じられたのである。

一九二九年の最初の男子普選による市会選挙は、まさに内務省による解散命令を受けた市会の出直し選挙だった。この選挙では、選挙の不正を行わないようにすることや、市会議員の質を向上させるべく、有権者に対する啓発活動が行われた。その担い手は、市長も務めた後藤新平などの構想によってつくられた民間団体である東京市政調査会や、女性の参政権獲得を目指す婦人参政権獲得同盟、それに新聞社などであった。

特に市政調査会は候補者の経歴を調査し、その政見を集めて分析して、優良候補の当選に努めた。また市政の問題点に対する調査研究を行って、市政の向かうべき方向を指し示す役割も果たしていた。この市会選挙の結果は、当時の二大政党である立憲政友会・立憲民政党の多数は揺るがなかったものの、汚職に関わっていない候補者や、新興勢力である無産政党からの当選者を得ることとなった。

†選挙粛正の掛け声のなかで

以後、一九三〇年代の東京市会選挙（一九三三年、一九三七年に実施）では、東京市政調査会や女性団体が、候補者の調査や政見の分析を行い、また選挙浄化のキャンペーンを積極的に展開した。そして一九三五（昭和一〇）年には、内務省が中心となり衆議院議員選挙や道府県議会選挙、その他市町村の選挙すべてにわたって、選挙粛正運動を展開する。選挙粛正運動は、一面では候補者の選挙活動の取締りを厳しくしたことで、政友会、民政党といった既成政党からの反発を受けることとなる。だが一方で、有権者以外の人々にも、選挙とは何か、市の行政はどのような仕事を行っているか、などを伝える教化運動の面もあった。

また一九三七年三月の東京市会選挙では、元市長が発起人となって愛市連盟という団体をつくり、女性団体などを集めて男性有権者に対する啓発活動を行った。これが愛市運動である。その他、市の行政が具体的にどのような活動をしているかを、広く女性に伝えるための展覧会を百貨店で行う試みもなされた。この選挙では、東京市政調査会が候補者の政見の調査と分析を行うが、候補者の演説会に入って聴衆のようすも含めて記録をとる活動も活発に行われたのである（源川二〇二二）。

このように、東京市会が過去に起こした不祥事によって、啓発運動が盛んに行われ、有権者のみならず市民全体に、選挙や日常的な自治体行政のあり方に関心を向けさせる取り組みがなされた。東京都制が導入されたとき、内務官僚が指摘した市会の自治の腐敗は、市民の側からも問題視されており、そのことが、さまざまな形での選挙に関わる啓発運動につながっていったものといえよう。

しかし、このようなデモクラシーを活性化させようという試みが成功したといえるのかどうか、評価は難しい。これらの啓発運動の過程では、優良候補を選出することが訴えられ、その際、政党政派を度外視して、よい人物を出すことが有効だと述べられた。

太平洋戦争下の一九四二年四月に行われた衆議院議員総選挙や、同じ年の東京市会選挙では候補者推薦制がとられた。もちろんこれは優良候補に推薦を与えて、選挙民の支持を獲得させようという点で、従来の啓発運動の流れをくんでいる。しかし、推薦を受けない自由な立候補は認められているものの、特に衆議院総選挙（翼賛選挙）では彼らの選挙活動への、警察や翼賛団体による干渉も行われた。推薦を受けない、受けられない候補者は時局を理解しない、言い換えると当時の政治権力や戦争に対する認識が不足しているということになる。

逆にこの時期、過去に既成政党政治家として汚職によって指弾された者が、これぞまさに先に内務官僚の古井が糾弾した政治家であるが、推薦を受けずに当選し、反東条英機《とうじょうひでき》政権の立場を鮮明にしていった例がある。例えば民政党の政治家、三木武吉《みきぶきち》がそれである。三木は東京市会に強い影響力をもっていた。彼は京成電車の東京市内乗入に関する疑獄で政界を一時退くが、翼賛選挙では非推薦で当選し、戦後も鳩山一郎に近い位置から、戦後政党政治のなかで活躍した。

有権者を啓発し汚職をなくす活動は重要であり、デモクラシーの発展に不可欠である。だがその方向性がずれると、議会制それ自体を掘り崩しかねない。戦前の東京市会の事例は、そのようなデモクラシーのジレンマを示すものだった。

†日比谷公会堂と東京市政調査会

昭和初期の市会議員選挙で、候補者の人物や政見の調査・研究を行い、選挙に関わる啓発運動を担った東京市政調査会は、一九二二（大正一一）年、後藤新平市長が計画的な都市行政の実施のために設立した民間の団体である。

アメリカの学者で都市行政に通じたチャールズ・ビーアドは、ニューヨーク市政調査会に関わっていた。この団体をモデルとして、ビーアドの指導も得ながら、東京市政調査会がつくられたのである。設立にあたっては財閥の安田善次郎《やすだぜんじろう》の寄付があり、以後、財団法人として運営されている。そして、一九二九（昭和四）年一〇月には市政会館が竣工した。この建物には、日比谷公会堂と市政会館が入っており、地下一階地上六階建てで、それに塔屋《とうや》が四階ある（図13）。

この建物は、今も日比谷公園に立っており、高層ビルに囲まれながらもひと際目立つ存在である。また併設されている日比谷公会堂とともに、東京の自治にとって重要な役割を果たしたわけだ。以下、日比谷公会堂と東京市政調査会について述べていきたい。

まず、日比谷公会堂である。これまで述べたように、日露戦後から日比谷公園で政治的集会が開催された歴史がある。自由民権運動の時期から政談演説などに使われた座敷、劇場や集会施設などがあったが、東京市も公会堂を建設する構想をもっていた。後藤市長時代に安田からの寄付による公会堂建設が具体化するが、内務省は大衆運動の拠点となることなどを理由として建設計画に介入した。

こうした波乱もあったが、何とか建設にこぎつけた。日比谷公会堂の運営は東京市公園課が担うこととなり、井下清の社会教育構想が反映していくことになる。以後、ここは音楽会、講演会などに利用されるようになった（新藤二〇一四）。先にみた選挙粛正の講演会も、しばしばここで行われた。

さて次に、市政調査会の活動を説明しよう。関東大震災にあたって、同調査会は日比谷公

図 13　市政会館（1929 年竣工、2022 年 7 月）

園に案内所を設けて「尋ね人」調査の活動を行った。避難者の情報をカードに記し、一般の閲覧に供するというものだ。震災直後の混乱の時期だけに、これは大いに役に立ったに違いない（北原二〇一一）。

また同調査会は帝都復興連合協議会、復興建築促進協議会などを立ち上げて、政府・東京市と協力しながら復興事業に関わった。すなわち復興事業においては、焼け跡での区画整理事業を行い、整然とした都市の区画を築くとともに、道路の拡幅や公園の設置によって災害時に効果をあげることが期待された。そのためには、入り組んだ地権者の利害を調整しつつ、復興計画の実施が求められる。市政調査会は、こうした計画を進めるための宣伝・啓発活動に取り組んだ。また一九二九年には、竣工して間もない市政会館で、帝都復興展覧会が実施された。

さらに市政調査会は、震災復興事業のみならず、全国都市問題会議の事務局となり、また都市問題に関する調査研究に基づいて、多くの調査報告書やパンフレットを作成して配布した。加えて雑誌『都市問題』を発行して、調査会の活動や都市問題・都市政策に関連する論稿を掲載している。これは一九二五年から戦争による一時中断を経て、現在に至るまで続いている月刊誌である。

戦後も調査研究事業を続け、二〇一二（平成二四）年に公益財団法人後藤・安田記念東京都市研究所となった。同研究所に併設されている市政専門図書館は、地方自治に関する総合的な図書館である。

市政専門図書館は、広く都市に関わる雑誌記事を整理する活動を長く行っている。現在はパソコンで検索可能であるが、以前は市政専門図書館の閲覧室のかなりの部分を、図書カードのボックスが占めており、これが研究の役に立った。一枚の図書カードに一つ、雑誌記事の名前・著者名や収録雑誌の情報が記されていて、それが都市問題・行政や地方自治に関わるトピック、国内外の都市名などの項目に基づいて配列されていた。

例えば「下水道」について調べたいと考えたら、その項目に整理されたカードをみれば、国内外の事例に関する雑誌記事が検索できるので、そこからさらに絞り込んでいき、みたい論文などの情報を書き留めて、掲載誌を閲覧させてもらうのである。

筆者が大学院生の頃、広く都市に関わる何らかの課題について調べたいと考えたら、まず市政専門図書館にいってカードをめくった。手書きのカードも、『都市問題』所収の文献目録から切り取ったのであろう論文名を貼り付けたカードもあったが、いずれにせよ、この一枚一枚が研究の出発点になった。現在は、自宅にいながら、同研究所のウェブサイトにキーワードを入れれば関連論文名が出てくるので便利である。遠隔地から閲覧に行っていた研究者にとって、これは画期的なことだ。

†都市の「美」は排除を伴うのか?

帝都復興事業は、災害によって破壊された街をつくり直すにとどまらず、近代的で整然とした新しい都市空間を構築するという意味があった。それは、この時期に建てられたビルディングのデザインにも反映していた。現在も都心に残る戦前のビルのファサードは、複雑な装飾を施されたものが多い。またこの時期には、さまざまな意味で都市の美をつくり上げる試みが行われた。これに関連して大正末期から、「都市美」を求める運動が生まれる（中島二〇〇九）。

一九二五（大正一四）年、都市美協会という任意団体が結成された。会長は元東京市長で、東京市政調査会にも関わった阪谷芳郎《さかたによしろう》であった。副会長には塚本靖《つかもとやすし》（建築学）、牧彦七《まきひこしち》（東京市土木局長）、本多静六《ほんだせいろく》（造園・林学）などが就任した。また公園行政の担い手である井下清も、この団体に関わっていた。

一九三一（昭和六）年に創刊された雑誌『都市美』には、都市美運動の使命が述べられている。それは、都市の美しさを問題にするだけではなく、都市を人々の効率的な活動の場とし、また都市を「健康地」とすることだという。このような都市こそ、市民の「シヴィックスピリット」を育てることができる。つまり、都市美運動の目的は、都市に住む人々の市民としての精神を涵養することである。

阪谷は、明治末から大正初期の東京市長の時代に、市民意識を育成しようしていた。また、震災前後の東京市においては、狭い意味での男性の納税者＝「公民」ではなく、幅広い「市民」の形成が期待された。選挙粛正運動・愛市運動でも政治面での市民性の涵養がはかられたといってよい。その意味で都市美運動、愛市運動などの動きは、直接的な目的は異なるものの、都市住民の主体形成という点では共通するものがある。

このように都市美運動は、都市美化の啓発活動として展開されるが、『都市美』第一八号（一九三六年一二月）の表紙には、次のような内容の漫画が掲載されている。

東京の街中を高架の電車が走り、乗客が街をみて意見を述べているシーンである。「おもちゃ箱をひっくり返した」ような雑然とした街並みや看板、あるいは「おしめの展覧会」と評された洗濯物のなか、ある人は「これでも帝都といへるか」と慨嘆《がいたん》し、また「オリンピックまでには美しい大東京にせにゃならん」と述べる乗客も描かれる。ここでは、一九四〇年に招致されることになったオリンピック競技大会を目前に、国際都市として外国から人々を迎える準備をすることが訴えられている。

また「美」の対極には「醜」がある。都市において排撃すべき「醜」とは何か。『都市美』第一六号（一九三六年七月）は、「都市醜排撃号」として、都市「醜」を特集している。

この特集において、協会関係者は、狭い道路、道を屎尿運搬車が行き交うこと、街路に不潔な水をまくこと、煤煙をはき出す煙突や看板(ネオン)の存在、あるいは紙くずを捨てることや、木造家屋の密集などを指摘している。これらは都市民の健康や衛生上、大きな問題があり、また景観面での「美」の対極にあるものだ。

他の関係者は、これらに加えて「一般の聴覚を攪乱《かくらん》する」音楽・歌謡、カフェなどの音がやかましいと述べ、美観だけではなく猥雑な音や、それを発する空間を問題視している。さらに「醜の醜、恥辱の恥辱」として、「地上又は舗道路上に横臥《おうが》し、または安坐《あんざ》して居るルムペン」の存在を指摘する。このような認識に接すると、都市の美化とは差別的なまなざしと排除も伴うものだったことを指摘せざるを得ない。

戦後、都市美運動そのものは活発な活動を行ったわけではない。とはいえ、市民を動員した都市の美観の維持は、戦後も繰り返し訴えられた。東京都は一九五〇年代に商工会議所、商店連合会、日本赤十字社、地域団体などに呼びかけ「街をきれいにする運動」を展開した(小野二〇一八)。また東京オリンピックの頃に「首都を美しくする運動」を行って、地域住民組織などを動員しながら都市の美化をはかったのである。

都市を美しくするというのは、以上のように市民の動員や規律化、そして一部の人々の排除を伴う。これは、東京の政治史を考えるうえでも重要な点である。

†敗戦から高度経済成長期の都政

では戦後から現在の都政までを概観しよう。

東京都が生まれた一九四三（昭和一八）年七月以後、戦局は悪化し一年後にはサイパン島などが陥落して、そこからB29が飛来し東京だけなく日本全国の都市が空襲の対象となる。東京都の行政は、戦争中においては「帝都」の防衛、戦災地区の復興と地域住民への対応に追われた。敗戦後、旧憲法のもとでの地方自治制度の改正が行われ、住民の選挙権・被選挙権の拡大、都議会の権限の強化、そして首長の公選などが実現する。

このなかで東京都長官は、官選から公選となり、一九四七年の統一地方選挙でそれまでの都長官であった安井《やすい》誠一郎《せいいちろう》がいったん辞職して立候補し当選した。さらに新憲法と地方自治法が施行され、都知事という役職名になった。この役職が現在も続いている（塚田二〇〇二）。

安井知事の課題は、まず戦災からの復興であった。焦土《しょうど》と化した東京の再建のみならず、食糧配給、失業対策、住宅建設、戦災者・引揚者への対応など課題は多かった。三期続いた安井都政の最初の二期は、東京の復興が課題であった。

一九五五年に始まった第三期には、驚異的な人口増や交通量の増加に対応したが、同時に始まった高度経済成長による税収の増加に助けられて、首都圏整備計画なども含めて都市整備が計画されていった。他方、この時期、政権の長期化と事業規模の拡大も関係しているのか、利権をめぐる疑惑も発生した。

一九五九年には、安井のあとを継いで自民党推薦の東龍太郎《あずまりようたろう》が、都知事に当選した。東は東大医学部教授、IOC委員などを経験しており、東都政が始まってまもなく東京へのオリンピック招致が決定する。二期にわたる東都政は、まさにオリンピックの準備と、経済成長の一方で深刻化する都市問題への対応が課題となった。

一九六四年一〇月に開催されたオリンピックが、東京のみならず日本の復興と経済成長を象徴する意味をもっていたことは間違いない。首都高整備などの都内交通網の拡大、東海道新幹線の開通などは、その代表的なものといってよいだろう。

だがこのような成功譚のみで、この時期の都政を語ることはできない。人口と経済管理機能が東京に集中するなかで、交通面のみならず人々の生活に関わるインフラ整備が著しく遅れていたことを指摘せざるを得ない。

一九六一年の段階で区部の剛質舗装率は約二二％、東京都全体の下水普及率は約二二％であった。オリンピック開催の年の夏は水不足となり、二三区内でも給水車が出動した。その他、屎尿処理は多くが海上投棄であり、ゴミ処理も大きな問題であった。一九六三年に臨時行政調査会（第一次）は、首都の行政需要に対して行政主体は弱体であるとして、政府が首都圏庁のような機関を設置して、東京を統治する構想さえ議論されたのである。

†革新都政の誕生

戦後都政は安井、東という保守政党から推薦された知事が担った。都議会も自民党を多数党とする構成が続き、彼らを支えた。これらの保守都政には、戦前から東京市で社会事業などにたずさわってきた幹部職員がおり、社会都市という点では戦前との連続性をもつといってよいかもしれない。

それまでの都知事選では、社会党が中心となって独自の革新候補を擁立していたが、オリンピック前後から都政の変化が始まっていく。先に述べた都市問題の深刻化に都政が十分な対応ができない一方で、野党である社会党だけなく都政調査会（先に述べた東京市政調査会とは別の組織）という民間団体が、都市問題の研究と対応策を検討していた。そして、都議会での汚職事件により、一九六五（昭和四〇）年には都議会解散という事態になった。

続いて一九六七年の都知事選で、社会党、共産党が推した美濃部亮吉《みのべりょうきち》が当選した。この時期、すでに横浜市では社会党の飛鳥田一雄《あすかたいちお》が市長となり、一九七〇年代半ばまでには全国の大都市を中心に、革新自治体が誕生していった。美濃部都政は、社会福祉政策、公害対策、物価問題、それに公営ギャンブル廃止などを手掛けた。

　また近代都市の住民が必要とする最低限の条件である「シビル・ミニマム」を基準に、自治体政策を運営することがうたわれ、市民の参加も強調されていく。さらに「ストップ・ザ・サトウ」というスローガンにみられるように、自民党の佐藤栄作政権への対抗を強く意識した政策を展開したことも特徴的だ。社会都市の枠組は維持されつつ、さらに社会政策重視の方向に進んでいったものといえよう。

　美濃部は、知事当選前に経済学者としてテレビにも登場しており、マスコミを通じた支持獲得も狙っていたものと思われる。一九七五年の三期目の知事選で、自民党が推した石原慎太郎が、同じくメディアを意識した選挙戦を展開したことは、美濃部の政治スタイルと同じ土俵で戦いに挑んだということかもしれない。石原は一九九九年に都知事に当選するが、その施政は美濃部時代のそれを、さまざまな意味で意識し、またひっくり返すものでもあった。

†保守による都政の奪還

　この時期、すなわち一九七〇年代の革新自治体の政策は、豊かな財政を前提としたものであり、いわば高度経済成長下の国政と補完関係にあったといえる。したがって景気にかげりがみえ、また財政支出の優先順位の正当性が問題にされると、途端に政策が行き詰まることもあった。実際、一九七〇年代後半の美濃部都政では、都職員の人件費や福祉政策についての批判が高まった。また自治省との「財政戦争」で美濃部都政は後退を余儀なくされ、支持基盤の一つをなした都労連（都職員の労働組合の連合体）との対立をも引き起こした。

一九七九（昭和五四）年の知事選では、東都政の副知事などを務めた鈴木俊一が、革新候補の太田薫《おおたかおる》を下して保守都政を奪還した。元自治官僚としての能力とあいまって、赤字債の発行を自治省に認めさせたこともあり、鈴木都政は早期の黒字への転化を成し遂げた。鈴木知事時代の都政を方向付けたのは、マイタウン構想である。マイタウンというのは、戦後、東京で生活を始めた人々も、この時期には定着し、東京を「ふるさと」と感じるようになる、といった意味が込められていた。

鈴木都政に特徴的な施策はいくつかあるが、代表的なものとして臨海副都心開発をあげることができよう。東京湾の埋立地にテレポートという、情報集積の拠点をつくって企業を誘致していく構想である。これは、インターネット普及以前の構想として重要な意味をもっていた。同時期、中曽根内閣も内需拡大の観点から東京をはじめとした都市の再開発に力を入れており、国とも競い合う形で、都の臨海副都心開発が進められていったのである。

この間、ちょうどバブル経済と重なって地価高騰が問題化していく。とはいえ潤沢な財政に支えられて、一九九一（平成三）年の都庁の西新宿への移転、東京都立大学の移転、一九九三年の江戸東京博物館の建設という巨大プロジェクトが行われた。

鈴木都政は、三期にわたり安定した政権運営をしていたが、一九九一年の四期目の知事選では、自民党中央本部が鈴木を支持せず、別の候補を立てるという異例の事態が生まれた。ちょうどバブル崩壊と税収の減少によって、都議会でも臨海副都心開発継続に対する反対が強まっていた。だが、そのなかでも鈴木は四選に成功し、支持基盤の強さをみせつけたのである。

†世界との都市間競争

政党、それも政権与党の支持を受けた候補が、野党の支持する候補に敗れるという構図は戦後都政でもみられた現象であるが、自民党推薦候補が同じ保守を基盤とした鈴木に敗れたことは注目に値する。また、続く一九九五（平成七）年には、開催が決まっていた臨海副都心での世界都市博覧会の中止を表明した青島幸男《あおしまゆきお》が、自民、社会などの政党が推す候補を下して当選した。

この時期、都知事選において既成政党の推薦というものが、必ずしもその候補者の当選を保証するということがなくなったのだろう。その次の都知事選で保守系の石原慎太郎が、自民党の推薦を受けた候補などを下して当選を勝ち取ったのも、この流れにあるものと考えられる。

一九九九年に誕生した石原都政の時期には、その後の都政の枠組が形づけられたといえるかもしれない。そのことがはっきりうかがえるのは、行政運営における経営の視点の定着や、以前とは異なり、東京への集中をむしろ肯定する都市再開発の展開という点である。またおそらく鈴木都政、青島都政まで維持してきた社会都市としての行政のあり方は、ここにきて変容を余儀なくされていった。

こうした変容をもたらしたのは、一九九〇年代後半の東京都の財政難と、新しい行政経営の導入であろうと思うが、のちに述べる脱工業化と、世界の都市間競争激化という事情もその要因であった。石原都政の掲げた政策は、もちろん一九九〇年代後半から進行する経済・財政の構造改革と、小泉純一郎内閣期に制度化される都市再生事業という、国レベルの政策と連動したものであった。

のち二〇一二年には、石原都政で副知事を務めた作家の猪瀬《いのせ》直樹《なおき》が都知事に当選、石原都政時代に失敗したオリンピック誘致を成功させた。だが金銭の授受にからんで猪瀬知事は早期に退陣し、国際政治学者の舛添要一《ますぞえよういち》が知事に当選する。この舛添都政も長く続かず、二〇一六年に小池百合子《こいけゆりこ》都政が始まる。小池都政は二度目のオリンピックの準備を課題とし、また国際金融都市としての東京を構築するということも強調していた。

歴史というものは事態が終焉してしばらくしてから、その意味付けが可能となるのだろうが、今の段階では、青島都政の途中ぐらいから石原都政の始まりあたりを始点として、二一世紀に入ってから現在に至るまで、一つの都政の枠組が続いているようにみえる。もちろんもう少し時間が経ち、各々の知事の政治的個性や、その支持基盤のあり方がさらに検討されれば、時代的な特徴がよりはっきりとするに違いない。

第 5 章

工業化と脱工業化のなかで

1935年頃に撮影された本所区の工業地帯(『市政概要』1936年)

†近代東京と工業

近代の東京は工業都市であった。いや高度経済成長の時期まではそうであった。現在の東京の姿からはあまり想像できないが、街には大小さまざまな工場が立っていて、煙突からもくもくと煙を吐き出しているというのが普通の光景だった。

映画「東京物語」(小津安二郎監督、一九五三年)では、東京にいる息子と娘を訪ねて尾道《おのみち》から上京した老夫婦が、荒川近くにある娘(杉村春子)夫婦宅に厄介になるシーンが出てくる。父親(笠智衆《りゅうちしゅう》)は、娘の家の物干し台に座ってうちわを扇いで涼んでいる。そのまわりの景色は、中小の工場が煙をたなびかせている。まさにこれである。以下ではこの時期、下町に広がっていた工業地帯が形成されていく歴史をみていこう。

石塚裕道《いしづかひろみち》は一九七〇年代後半に、『東京の社会経済史』のなかで、明治維新期から米騒動の時期における東京の工業化と、そこで働き生活する民衆について描いた。この本が書かれたのは、ちょうど高度経済成長の一方で噴出した都市問題の解決が課題となっていた時代であり、工業化と公害の発生や貧困問題などにも目配りしていた。

同書に沿って時代を追って概観すると、まず明治前期は、政府が主導して工業化をはかっていた時代である。東京においては官営のものとして、東京砲兵工廠《こうしょう》、海軍省兵器製造所（造兵廠）などが代表的であり、それに大蔵省印刷局もあった。さらに民間工場としては、日清戦争の前には印刷・製本業、化学工業、そして機械・器具・金属加工業が数のうえで主であった。

しかし日清戦争後は、繊維生産が盛んになり、機械・器具・金属加工と並んでいく。一九〇一（明治三四）年の時点では、工場が最も多い区は京橋区であり、それに本所区、日本橋区、深川区、芝区が続いていた。この時点ですでに、東京市の東の端に位置する本所・深川区の工場数の合計は、日本橋・京橋区の合計の七割近くだった。

繊維生産のうち紡績業は、日本の産業革命を牽引する位置にあり、機械制生産を発達させながら、一九世紀末には綿糸《めんし》の輸出量が輸入量を上まわるほどに成長した。ただし原料の綿花を外国に求めていたため貿易の面では輸入超過の状態であった。

その意味で、生糸《きいと》を生産する製糸業は、原料の繭《まゆ》を国内で調達できたため、輸出面での中心的役割を果たしていた。東京府でいうと、南多摩郡八王子町（のち市）付近は、絹織物生産を中心的に担った場所であった。また生糸を横浜まで運ぶ拠点としても機能した。はじめは陸路を使って、のちには鉄道によってである。また村山（現武蔵村山市）などでは、大正期から村山大島紬《むらやまおおしまつむぎ》と呼ばれる絹織物を生産している。

生糸と綿糸は、近代における主要な輸出産品であった。東京の特に東の方には、六大紡績を構成した鐘ヶ淵《かねがふち》紡績や富士瓦斯《ガス》紡績など、大小さまざまな紡績会社が操業していた。富士瓦斯紡績の工場は本所区押上にあり、鐘ヶ淵紡績は、南葛飾郡隅田町にあった。この広大な敷地は現在、一部はカネボウ化粧品などが利用しているが、かなりの部分が東京都に売却された。

一九二一（大正一〇）年の段階での、東京市内外の工場の配置状況をみておきたい。官営工場は麴町区、芝区、そして北豊島郡などに展開している。その他、工場の数のうえでは、染織工業は北豊島郡、南葛飾郡、本所区などに、機械工業は本所区、北豊島郡、芝区、南葛飾郡などに、そして化学工業は南葛飾郡、本所区、北豊島郡に多い。

これをみるとわかるように、東京市内では本所区それに深川区、さらに南葛飾郡、北豊島郡に工場が多く展開していた。赤坂区や四谷区などいくつかの都心区には工場はあまり多くないのだが、それ以外の区や郡も機械工業などが展開しているので、東京市とその周辺全体として工業を担っていたといってよい。

それでも隅田川の東側、あるいは上流にある地域が、この時期の工業の中心であった。南葛飾郡隅田町の鐘ヶ淵紡績本社の他、大日本紡績（東京紡績を合併）の工場は北豊島郡南千住町に、精工舎《せいこうしや》は本所区に、東京モスリンは南葛飾郡吾嬬《あづま》町に、そしてのちにふれる東洋モスリンは南葛飾郡亀戸町に、いずれも広大な敷地をもっていた。

それ以外の業種として、例えば豊田正子が働きに出ていたようなセルロイド会社は、一九三三年の時点で葛飾区に四三、荒川区に一五、江戸川区に五社が確認できる。葛飾区はセルロイド工業の拠点だったようだ。正子は彩色工場に通って、人形の顔などを画《えが》いていたが、セルロイド会社は専《もっぱ》ら加工をするものと、彩色を行うものに大きく分かれていた(『東京市工場要覧』、図14)。

図14　葛飾区セルロイド工業発祥記念碑(1952年)。千種セルロイド四ツ木工場の跡地(現・渋江公園)にある。(2022年7月)

それに彼女の綴方には大和護謨《ゴム》という会社が出てくるが、これは正子が住んでいた本田《ほんでん》木根川の長屋の近くにあった。職工数でいうと男女二七〇人とあり、東京市内のゴム製造の関連会社としては最も大きい部類に入る。セルロイドにしてもゴムにしても、多くが小規模な会社であった。

†都市化のなかの農業と屎尿

旧東京市周辺の郡部は、もと

もと農村部であったところも少なくない。西郊だと世田谷区などが典型だろうが、昭和戦前期は畑作を中心とした農業が営まれていて、そこに住宅地ができていくという開発のされ方だった。東京市の近郊農村が宅地化の波にさらされ始めるのは、だいたい大正末から昭和初期である。有名な高級住宅地である田園調布は、関東大震災前の一九二二（大正一一）年頃から分譲が行われ始めた。成城《せいじょう》で学校とともに住宅地が開発されていくのは、震災をはさんだ一九二四年のことである。

ここでは、まさにこの時代に発生した深刻な問題、すなわち屎尿処理についてみていきたい。屎尿処理は近年、循環型社会への動きのなかで注目されている。近代日本においても多くの場合、屎尿は肥料として貴重であったので、都市部で排出された屎尿は有価物として取引されていた。しかし都市部の拡大により農地が減少し、また都市近郊での屎尿の需要が停滞すると、こうした循環はうまくいかなくなる。

二〇世紀に入った頃から屎尿処理の問題は次第に困難になっていった。消化器系の伝染病が発生し、衛生政策面からも大きな問題をはらんでいた。屎尿処理の研究は、近年、大阪市、名古屋市、東京市、横須賀市などの具体的な分析が進んでいる。特に東京については、星野《ほしの》高徳《たかのり》が実証的な研究を進めている（星野二〇〇八、二〇一四）。

東京でも大正初期頃までは、屎尿は東京市周辺の郡部の農地で肥料として消費されていたが、一九一八年頃から、屎尿処理の停滞が問題となっていく。都市近郊の農地が住宅地化するなかで、都心区の下肥《しもごえ》を運送して使用する必要度は下がったからである。

例えば東京市下谷《したや》区などでは、この時期に民間の処理業者の収益悪化から、なかなか汲み取りの作業が行われることなく放置され、問題化した。コストをかけて汲み取りを行っても、それは高値で売れなくなった。そのため東京市は収集した屎尿によって、肥料となる硫酸アンモニウムをつくろうとしたり、輸送網の拡大をはかったりした。

震災により一時事業は停滞するが、大正末期には屎尿について、下水投棄、埼玉県入間《いるま》郡農会への運搬、製肥会社の原料などの方法で処理された。市営による処分は一部の区で進んだのみであった。一九三〇年代に、東京市が市内の屎尿処理の義務を負うようになると同時に旧市域の屎尿処理事業は市営化され、農村の貯留槽や浄化処理場への屎尿の運搬と処理が行われたのである。

また新市域では、一九三六（昭和一一）年になって多くの地域で市営化が実現する。それでも新市域には、この時期でも行政に頼らず従来のように農地に還元する形で処理を行う地域もあった。

近代に入ってからも農地を多く残していた世田谷区域（荏原郡と一部が北多摩郡に属する町・村から成立した）では、例えば一八八〇年代の後半、農家が麴町区、神田区、芝区などに陸路で下肥の汲み取りにいっていた。また同区域には野砲《やほう》第一三連隊などの施設が置かれたため、馬糞などを含めた下掃除を行い、他方で下肥の払い下げを受ける契約を村の農会が結んでいた。

しかし一九二二年頃には、農会側が下肥の払い下げを受けるのではなく、掃除を請け負う契約になっていった。農業にとって貴重な下肥を入手するための契約ではなく、住民にとって邪魔な屎尿の汲み取りをするという契約に変わったということになろう。ここからも、農家にとっての下肥の必要性が低下していることがわかる。とはいえ、世田谷区が一九三二年に誕生する直前の段階でも、村行政が屎尿処理に直接関わる必要はまだなかったようである（松田二〇二〇）。

†戦後の屎尿処理問題

戦後においても、屎尿処理やごみ処理は、都市行政の難題の一つであった。この時期、屎尿は下水道に流すか、汲み取りを行うかいずれかの形で処理をした。汲み取られた屎尿は、海洋投棄、農民処分（農地還元）か、屎尿消化槽で処理された。東京の下水道整備は進んでおらず、一九五八（昭和三三）年の段階で面積普及率は一九・八％程度であった（湯沢二〇二〇）。それ以外は汲み取りで対応するしかなかったのだ。

汲み取りの状況をみよう。一九五五年度の数字をみると、東京都の屎尿処理の総量の二七・五％を海洋投棄で処分しており、またほぼ同じぐらいが「農民処分」とされていた。その他、消化槽などでの処分が四四・七％であった（『東京都財政史』下）。屎尿消化槽は戦前に綾瀬作業所に設けられたが、戦中には使われなくなり、戦後、砂町に設置された（東京都清掃局二〇〇〇）。

「農民処分」は肥料としての使用が主であろう。そして東京オリンピックの行われた一九六四年度には、五四％が海洋投棄、そして「農民処分」は三％程度に過ぎない。農家人口の減少などもあるが、人口の増大に伴ってそもそも処理すべき屎尿の量が、一九五五年度と六四年度を比べると一・五倍にもなっている。こうして海洋投棄の量も同じ期間に三倍弱増えたのである。

他方、下水道の整備は明治後期に建設が具体化し、一九二二（大正一一）年に三河島汚水処分場が設置される。続いて砂町（一九三〇年）、芝浦汚水処分場（一九三一年）が運転を始める。先にみた通り、なかなか普及は進まなかったものの、一九六二年には東京都は下水道局を設置し、下水処分場の建設に力を入れた。

処分場に集められた下水は濾過《ろか》され、最終的に残った汚泥《おでい》は海洋投棄で処分されたが、のちには焼却されるようになった。砂町処理場には一九七〇年に巨大な煙突が設置された。

ちょうど夢の島と向かい合せになっている場所である。近くでみると圧倒されるのだが、なぜこんなに高いのか。これは煙に対する住民からの苦情が発生した際に、夢の島のごみ焼却場の煙突より高くして区別するためであったという（東京下水道史探訪会一九九五）。

以上、都市化により屎尿処理の方法が模索された、約五〇年の歴史である。

†戦前の労働問題

日清戦争前後、産業革命による急激な工業化が進み、そこで働く人々が賃金の値上げや待遇改善を求める動きも強まった。この時期、労働組合期成会が結成され、労働運動が本格的に展開されるが、政府は団結権や争議権を制限して抑え込もうとしたのである。

しかし第一次世界大戦の時期になると、国民の政治参加への要求が強まるのと同時に、労働者の権利拡大の声も強くなる。労働組合運動も、友愛会から発展して大日本労働総同盟友愛会として大きな組織となっていった。第一次大戦後の一九二一（大正一〇）年に、川崎と三菱の神戸造船所で大規模な争議が発生し、軍隊の出動によって抑圧された他、のち昭和初期にかけて浜松の日本楽器争議、野田醬油争議などが起こっている。

工業都市である東京においても、当然ながら労働運動が発展していった。特に南葛飾郡の隅田川、荒川、東京湾に囲まれた地域には、紡績、機械・金属、化学などの工場地帯が広がっており、東京市内の本所区、深川区を含んだ地域は世界大戦後から昭和初期にかけて、運動の組織化が大きく進んだ。

このような運動が発展する一方で、関東大震災の際は、南葛《なんかつ》労働会の活動家が、亀戸警察署や荒川放水路などで軍隊によって殺害される事件が起きている。また一九二四年以後、待遇改善などを求めた争議件数が増加していった（ゴードン一九八六）。一九二六年に小石川区の共同印刷株式会社において、日本労働組合評議会に指導された組合と使用者の対立による大規模な争議が、また一九三〇（昭和五）年には、東洋モスリン亀戸工場で操業短縮、従業員解雇をめぐって争議が起こるなど、東京でも不況・恐慌に至る時期に深刻な労使間の対立と、労働争議の発生がみられた。

ここでは、一九〇七年に設立され南葛飾郡亀戸町を中心に発展した、東洋モスリン（洋モス）争議のようすを、三輪《みわ》泰史《やすし》の研究によってみてみよう（三輪二〇〇九、図15）。この時期、不況が深刻化し紡績業界の操業短縮が行われるなかで、同社は亀戸町の四つの工場のうち、第二工場の閉鎖と従業員の解雇・転勤などを発表し労働組合側と対立し、また会社側は右翼団体である大日本正義団を使って争議団を抑えようとした。

争議の発生した一九三〇年二月当時、閉鎖された第二工場以外に、少なくとも女子二一〇六二人、男子四二〇人の労働者がいたことが確認できる。そして女子のうち約四分の三が、

図15　亀戸、東洋モスリン付近の地図（三輪2009などを参照して作成。地図の発行は、亀戸町が1932年に東京市に編入されたのちのもの。大日本帝国陸地測量部）

地方から出てきて寄宿舎に住んでいた。争議は、第四工場従業員のストライキ、第三工場の女工の就業拒否などに発展し、解雇者を出しつつもいったん労使の妥結をみた。だが業績不振は改善されず、九月には社内の一部休止・閉鎖と人員整理が組合に通告され、二六日に罷業《ひぎょう》が始まった。この時期には、会社の投入した大日本正義団と組合員の乱闘も発生する。

労働者側は、街頭デモを行い警察に解散を命じられるが、亀戸町民への宣伝なども行って争議への地域社会の支持を求めた。会社側は地方から来て寄宿舎に住む女工たちの親などを呼んで、争議から離脱させる形で切り崩しをはかった。

だが争議は、他社の組合などの支援を受けながら続けられ、一〇月二四日には街頭でのデモンストレーションが行われた。全労東京地方連合会に組織され、四ヵ所に集結した応援隊が、工場南側を流れる竪川《たてかわ》にかかる五之橋《ごのはし》で合流し、総武本線と並行して走っていた城東電車通りを、工場を目指して東に行進した。その際、警官隊と衝突し、電車への投石も行われている。のち一一月に警視庁の調停で争議は終結するが、組合側には大きな打撃が与えられた。

三輪は、騒擾参加者などの聴取・訊問記録を使って、地域社会におけるこの争議や労働組合の位置を分析している。

それによると、亀戸東部地区には洋モスだけでなく、日本化学工業、日立製作所があり、またその他の中小の工場が多く存在した。洋モスの労働者の多くは寄宿舎か工場敷地内、工場近隣に住んでいた。また亀戸七丁目の電車通りには、多数の商店があった。これらの商店にとって、洋モスの労働者は大切な顧客だった。労働者の解雇は、彼らの顧客を減らすことにもなる。そのこともあってか、町民大会が開かれ争議の早期解決がうたわれたという。また商店のなかには、洋モスの関係者が経営する商店もあった。このように洋モス争議は、地域に密着した工場と、同じく地域とのつながりの深い労働者の運動であるという側面があった。

戦後の労働運動の発展には、ここではふれないが、工業化の進展と脱工業化のなかでの労働運動の衰退と、勤労者の意識の変化を探ることは、重要なテーマである。

†横浜と東京の都市間競争

さて、話題は変わるが、ここでは工業化の進展と都市の発展のなかでみられた、都市間の競争について述べたい。

近代都市の形成過程においても、他の都市との競争が意識的あるいは無意識的に行われた。近年、東京は諸外国との都市間競争にさらされているという言説を、しばしば耳にする。特に金融拠点の構築という点で、アジア諸国の世界的な都市との間の競争が激化しているという。あるいは、都道府県や都市の「ランキング」なるものを、目にすることがある。

この類のものは、自治体行政が、住民の住みよさのために、今後の政策立案の参考にするという点では一定の意味があるかもしれない。しかしランク付けが独り歩きすることが、しばしばみられる。自分の住む街がランク付けされて、おとしめられるようなことがあれば気分は悪い。

それはともかく、近代の歴史においても、都市間競争のようなことはしばしばみられた。まず、東京と横浜の例をみよう（横浜都市発展記念館・横浜開港資料館二〇一四）。

日米修好通商条約で横浜（神奈川）が開港した際、当初ハリスは品川の開港を求めていた。幕府はこれを認めなかったが、江戸の商人に横浜に出店をさせ、生糸などの五品目を江戸の問屋をとおして輸出することとした。一八六八年すなわち明治元年、江戸は開市し、築地《つきじ》鉄砲洲《てっぽうず》が商取引の場となり、ここには居留地がつくられた。だが、東京の港に外国船が入ることはなく、一八七二年には鉄道が開通し、短時間で横浜・東京を行き来することができるようになった。

その一方で、東京開港を求める意見が少なからずあったことは先に述べた。田口卯吉はその主唱者の一人であり、松田道之の構想でも述べられていた。市区改正審議会が東京の改造を検討するなかで、渋沢栄一も一八八五年頃から東京築港を主張したが、横浜の反対意見は強かった。

一九一〇年代の工業化のなかで、東京では原材料、製品、消費材の移出入が増加する。東京の港は、横浜からの艀《はしけ》による輸送に使われたが、東京に大型船が入ることのできる港をつくろうという声が大きくなった。

関東大震災後に東京市は港湾整備にも力を入れ、一九二四（大正一三）年に日《ひ》ノ出埠頭《でふとう》、一九三〇年代に入ると芝浦岸壁《しばうらがんぺき》、竹芝桟橋《たけしばさんばし》が完成した。さらに東京市は、一九三八（昭和一三）年から東京港の一部に、外国船の入港を許可するように要望した。これが横浜側の反発を招き、七月には東京開港反対同盟が結成され、横浜は市をあげて運動に取り組んだ。横浜の反発は相当強かったのだ。

だが一九四一年五月に、横浜・東京港は京浜港という形で、一体の港として統合される。満洲・中国・関東州との貿易に限定されたものの、東京の港も外国との貿易活動を始めたのである。以上のように、近代の横浜と東京は港をめぐって競争関係にあったことがわかる。

†三多摩での都市間競争

次に三多摩での都市間競争をみてみよう。東京府においては、東京市が圧倒的な人口数を誇っていた、その他の都市としては八王子町が、人口面でも織物業などの産業面でも大きな役割を果たしていた。人口は一九二〇（大正九）年の時点で三万九〇〇〇人弱、一九四〇（昭和一五）年では六万二三〇〇人弱であった。八王子町が市制を施行するのは一九一七年であり、一九二〇年の時点では、近隣の三県の市町村のなかでも八王子市より人口で優っていたのは、横浜市と横須賀市のみであった。

だが一九二三年に帝都制案(都制案)が議員立法として衆議院に提出され、東京市のみで都がつくられ、そこから切り離された三多摩が一つの県となる案が提示された。

そこで新たな県の県庁所在地ないし行政庁の位置としては、八王子市か北多摩郡立川町が候補となる可能性があった。立川町にはすでに陸軍航空第五大隊が設置されており、そのこともあって、人口が急激に増えた(中村二〇一八)。そして立川には、一九三〇年代において飛行機関連工場が建設され、一九二〇年に四六三〇人程度であった人口は、一九四〇年には三万三八〇〇人を超えていた。この年、立川は市制を施行する。

日中戦争から太平洋戦争の時期、軍事面での発展を遂げた立川に対して、八王子の主要産業である絹織物業は不要不急とみなされ、衰退を余儀なくされる。そうしたなかで、八王子では日野重工業をもつ日野町との合併による新たな工業都市化が検討され、また軍需工場誘致の動きも強まった。戦後は軍需から民需への大きな転換により、八王子は再び織物工業の都市となり、立川は米軍基地を擁する都市になったのである。

ここにみられるように、軍需工場や軍施設の誘致は地域の活性化につながるという思惑から、都市が誘致を競い合う状況は、すでに日清・日露戦争の頃から存在した。日露戦後の軍備拡張のなかで、全国で兵営誘致の動きが起きたのだ。

関東地方では、北関東に師団の設置を求める声があがり、栃木県宇都宮市、茨城県水戸市が誘致を強く求める動きを示した。信越では長野、松本、高田、長岡などが名乗りをあげて競った（松下二〇一三）。

近年、都市による軍施設の誘致競争が研究対象となっているのは、軍隊と地域という問題設定によるものだ。戦後長く過去の日本の戦争への忌避感から、侵略戦争を主導した軍部の動きや、戦争責任の実態に関する研究が進んだ。最近では、そうした問題意識による研究よりも、むしろ地域が軍隊を受け入れることについての「抵抗／妥協／支持・依存」に研究者の関心が集まっているという（中野二〇一九）。

旧軍が抑圧的な組織であったことは事実であるが、特に都市地域社会と軍隊の依存関係についての事例が明らかになっているのは実証面での成果であろう。また先に述べた、二〇世紀末から声高に叫ばれるようになった都市間競争という現状も、軍隊と社会の研究を進める際の視点に作用しているように思う。

†高度経済成長と工業

話を東京における工業の展開に戻し、特に高度経済成長期のようすを『東京百年史』第六巻などを参考にして概観したい。

東京の工業は、戦時における軍需への転換、戦争による破壊と復興を経て発展した。東京都全体の工場数の業種別構造をみると、一九六八（昭和四三）年の段階で金属製品、出版・印刷、一般機械が相対的に多くなっている。また全国比でみていくと、皮革・同製品、精密機械は全国の四割以上を、出版・印刷、電気機械は三割以上を占めている。すでに一九六三年を転機として、東京の工業の全国での比重は低下し、従業員数も減少に向かったというが、それでも一九六八年の段階では、東京には工業都市としての内実があった。

次に地域的な特徴をみていきたい。まず戦前からの工業地帯であった城東地区（台東、墨田、荒川区）である。ここは日用消費財生産の中心地であり、木材・木製品（木場《きば》）、皮革（吾嬬、三河島）の他、化学工業（石鹼、化粧品など）、金属工業（シャッター、ドア、サッシ）などが展開していた。特に工場数・従業員数・出荷額の面では金属製品が多かった。

都心地区（千代田、中央、港、新宿、文京区）は、これも戦前からであるが、出版・印刷業が従業員数でも出荷額でも圧倒的に多い。文京区などには、小規模な印刷会社や製本会社が数多く存在していた。その他、衣服、精密機械の生産も多く行われた。

衣服のうちワイシャツの全国規模の生産をみると、一九六四年時点で大阪が四割以上、東京が二割八分という状況だった。東洋レーヨンや鐘紡などの大手が、東京にある製造《せいぞう》卸《おろし》と協力して生産を行うだけでなく、独立系の製造卸による生産も大きかった（柳沢二〇一三）。工場が都心地区に集中していたというわけではないが、製造されたワイシャツの多くは、中央区日本橋、横山町・小伝馬町《こでんまちょう》などの衣料品問屋で取引された。

城南地区（品川、目黒、大田区）は、この時期において東京最大の工業地帯であった。ここには戦前から下請け工場が集積し始め、一般機械、電気機械、金属製品などが展開していく。大田区をみると、一九二〇年代から東京瓦斯電気工業、日本特殊鋼などが進出し、三〇年代には軍需関連の機械器具、金属加工が急激に成長した。そこでは数台の中古機械と五人ほどの職工による零細な工場が増加していった（森一九九五）。

戦後においても大田区は、機械・金属関連の分野を中心的に担い、一九七〇年代にかけても工場数も増加させていった。そして現在に至るまで、小規模ながら極めて高度な技術をもつ工場が展開していることは、よく知られている。

城北地区（豊島、板橋、北区）は、日中戦争開始後の時期から工業地帯化した地域である。一九六〇年代は化学工業（薬品、インキ・塗料など）、非鉄金属、精密機械、紙・紙加工品などが盛んであった。また板橋の光学機械などの特徴ある分野もある。

さらに城東外周地区（江戸川、葛飾、足立区）には、足立区の隅田川沿い、中川沿いや亀有地区のように、戦時経済のなかで工業が活性化した場所があった。他方で、戦後になって城東地区からあふれた工場、特に鉄鋼業、金属が立地を求めた。総体として、鉄鋼業、皮革・同製品、紙・紙加工品、金属製品、木材・木製品が中心であった。

そして城西地区（世田谷、渋谷、中野、杉並、練馬区）は、住宅地として発展した場所であるが、電気機器や食料品の出荷額が相対的に多い。

その他、多摩地区は機械工業地帯であり、戦前から中島飛行機（武蔵野町）、横河電機（同）、日本無線（三鷹町牟礼）があった。その他、調布町、神代《じんだい》村などにも軍需と関係ある工場が展開した。

なかでもミシン、編み機を製造した調布の東京重機工業（現ＪＵＫＩ）は、戦中に軍需関係の会社として発足し、戦後は民需に転換したものである。また太平洋戦争中の一九四二年には、日野重工業が設立された。戦後の多摩地区は、電気工業、輸送用機械を中心とした機械工業地帯となる。他方、八王子市などの繊維工業も工場数、従業員数、製造品出荷額などの面で大きな存在であった。

このように高度経済成長期には、東京は地域ごとに特徴をもちながら、工業都市としての機能をまだ果たしていた。

†脱工業化の時代のなかで

低成長期に入った一九八〇年代には、以前に比べて製造業の工場の数は減少したが、この時期も東京には出版・印刷とそれらの関連業、金属製品の製造業、電気機械器具製造業などが盛んであった（三井一九九〇）。しかしそれ以後、東京の工業地区は減少していった。一九五八（昭和三三）年に制定された工業等制限法は、首都圏整備法に規定された工業等制限区域における施設の新設・増設を抑制するものであった。首都圏の既成市街地のなかでも、都区部、武蔵野市、三鷹市の区域を対象とし、のちに区域は拡大され横浜市、川崎市なども対象となった。

これによって工場の地方への移転や、都心の大学の多摩などへの移転が進んでいった。近畿圏でも一九六四年に工場等制限法が制定され、同様の趣旨での運用がなされた。

だがその一方、都心への経済管理機能の集中はますます進んでいく。一九七〇年代初頭には、工場などだけではなく都心の事務所の地方への分散を促進する法律も検討されていたが、これはオイルショックを経て経済成長が鈍化するなかで、現実のものとはならなかった。しかし東京一極集中といわれる事態は、一九七六年の第三次首都圏基本計画のなかでも、是正の必要性が求められていた。そして東京での人口・産業の抑制と首都機能移転もこの時期からいわれていくことになる。

一九八〇年代、一方では、東京一極集中是正を進める動きが強まるが、他方では中曽根内閣の民活路線と、アーバンルネッサンスのもとで、都心へのオフィスビルなどの建設が進められようとしていた。以後、バブルによる地価高騰もあって、一極集中から分散へという動きが強まる。また一九八八年の多極分散型国土形成促進法により、政府行政機関の移転がはかられ、また一九九二(平成四)年には国会などの移転に関する法律が制定された。

しかしバブルの崩壊と東京などでの地価の下落、そして金融機関の不良債権の増大というなかで、一九九七年二月に総合土地政策推進要綱がうちだされ、土地利用の抑制からその利用に舵がきられたのである。そしてのちには、工業等制限法もその意義が問われるようになってくる。

特に一九九九年に閣議決定をみた第五次首都圏基本計画策定の過程においては、工業等制限法の見直しが焦点となった。最終的には、二〇〇二年に同法は廃止となる。

もちろん同法の規制がなくなったからといって、すでに海外への工場移転が進んでいるなかでは、東京などに工場が戻ってくるわけではない。おそらく東京でいえば、大田区などの既存の工業地帯の選択的な拡充が求められたのだろう。しかし、そのような現実的な機能というよりも、むしろ同法の撤廃には別の意味があったのだと思う。すなわち、工業等制限法は「国土の均衡ある発展」という国土政策の精神のもとでの地方分散を推進したのであり、このような考え自体を解体することが目的だったのではないだろうか。

いずれにせよ、現在の東京はかつてのような工業都市としての姿を残しているわけでは

図16　江東区清澄の浅野セメント跡地にあるモニュメント（2022年4月）

ない。一九六一年に工場であった場所が、二〇〇五年の段階でどのように活用されているかについて、約五四五〇もの敷地について調査・分析した労作がある。その研究によると、二〇〇五年の利用業態数は六二〇〇以上となっており、最も減少した業種は金属業、木材業、化学工業などであった。逆に運輸業関連は増加している。また新たな利用業態は四二三〇以上で、マンションなどの集合住宅が最多であり一般住宅も含めて住宅地としての利用が、新たな利用業態の五五%を占めるという。その他、公園や図書館などの公営施設、駐車場となっている（遠藤二〇〇七）。

工場跡地の大規模な開発が行われた例としては、一九六九年の江東再開発基本構想に基づくプロジェクトがある。これによって、白髭《しらひげ》西・東地区、亀戸・大島・小松川地区が開発された。このうち墨田区の白鬚東地区は、隅田川沿いの鐘紡の工場跡地を含む地域である。ここには公園と高層の都営住宅などが建設され、災害時の避難場所を確保し、避難者を火の手から守るため高層住宅を機能させようとした。

また先にみた東洋モスリンの跡地は現在、都営住宅などになっており、同じく亀戸駅に近い日立製作所の跡地は亀戸中央公園となっている。また江東区清澄《きよすみ》に、官営深川セメント製造所、のちの浅野セメントの工場があった。ここには創業者の浅野《あさの》総一郎《そういちろう》の像や「本邦セメント工業発祥之碑」がある。そして現在も生コンクリート工場が存在する（図16）。一九三〇年代の地図を片手に江東区や墨田区などを歩いてみると、昔の工業地帯が現在どのようになっているかが実によくわかる。

†スマートシティとは？

工業化と脱工業化を扱った本章の最後に、近年よく聞く「スマートシティ」という構想が、歴史的にどのように位置づけられるのかということにふれておく。

二〇一六（平成二八）年末に発表された、都政の方向性を示す「都民ファーストでつくる「新しい東京」」のなかで、「セーフシティ」「ダイバーシティ」「スマートシティ」がスローガンとして掲げられた。そのうち「スマートシティ」は、IoT（モノのインターネット）の整備によって防災、まちづくり、交通や教育などの分野で非常に快適な都市生活を実現していくのだという（「スマート東京実施戦略」）。

例えば都民生活の質の向上という点では、防災（カメラ、ドローンで情報収集、AI危険自動検知）、まちづくり（3Dデジタルマップ）、モビリティ（自動運転、ＭａａＳＳ〔サービスとしての移動〕）、エネルギー（地産地消、デマンドコントロール〔消費電力の統御〕）、ウェルネス（心身の健康、見守りロボット、病気の早期発見、遠隔診療）、教育（個別最適化教育、タブレット学習、遠隔授業）、働き方（テレワーク、単純業務ＡＩ化）、産業（ＩｏＴ〔モノのインターネット〕、3Dプリンター、農林水産自動化）などがあげられる。横文字が多くてうんざりするが、すでにわれわれも体験しているものが多いだろう。

この構想は、これまで述べてきた都市間競争の文脈で位置づける必要がありそうだ。先の「スマート東京実施戦略」においては、二〇二〇（令和二）年頃の現状分析として、東京が経済、テクノロジー、気候変動、人口構造の四つの分野で「歴史的な転換点」に直面しているという。

そのなかで最も強調されるのは、経済の領域である。この三〇年間に産業は、ＩＴなどの資本効率の高い部門への移行が行われ、二〇一九年の世界の時価総額ランキングでは、上位をＩＴ企業が占めた。さらにテクノロジーの領域では、インターネットを利用する者が世界の人口の半分以上となり、また都民のうち八割が携帯電話を使用している。問題は、こうした世界的な産業構造の転換のなかで、日本の存在感が低下しているということだ。

先に示した、経済、テクノロジー、気候変動、人口構造の面での転換は、日本にとって暗い影を落とすものであるが、そのなかで東京が、デジタルテクノロジーの面で優位に立ち、活気づいて、世界的な都市間競争に打ち勝つことが求められるという。そのための施策が、「首都東京のデジタルトランスフォーメーション（DX）」というわけだ。「スマートシティ」構想は、まさに二〇二一年の東京オリンピック前後に、東京都が強調してきた国際経済・金融都市の実現という課題と不可分なのである。

以上、工業化から脱工業化という視点から、近現代の東京を眺めてみた。この点での変容は極めてドラスティックであり、特にIT化が都市とそこに住む人々にもたらした影響はすさまじい。そうであればこそ、近代の工業化の開始から、戦後の高度経済成長期の東京のようすは、さまざまな形で記憶にとどめておく必要があろう。

第 6 章

繁華街・娯楽と都市社会

幻となった1940年の東京オリンピックポスター案
(『第12回オリンピック東京大会東京市報告書』1939年)

近現代東京と繁華街

本章では、東京の繁華街、イヴェント、娯楽についてみていこう。ただし、これらのトピックに関しては、専門分化した形で調査・研究が進んでいる。本章では、イヴェントや娯楽の華やかさや楽しさを復元するのではなく、近現代の都市社会、都市空間を論じるという目的のもとで扱ってみたい。

近現代における東京の繁華街は、まず浅草、銀座、日本橋などの旧市域に位置した場所と、新宿、渋谷など新市域にある場所という区別ができよう。これらは空間的違いであるばかりではなく、都市化の時期の違いを反映した区別といえる。

浅草には江戸時代からの寺社を中心とした街が形成され、明治期には六区が賑わった。関東大震災で大きな被害を受けたものの、震災後も浅草寺《せんそうじ》を中心として発展した。

銀座は先に述べた通り、明治初期に銀座煉瓦街の建設などが行われたが、街としては当初はあまり人気がなく、ようやく明治中期になって商店街が発展していった（初田二〇〇四）。震災後には三越や松屋といった百貨店（デパート）ができ、服部時計店のビルもつくられて銀座のランドマークとなり、今でも銀座四丁目の交差点に立っている。

日本橋の呉服屋であった越後屋に起源をもつ三越（三井呉服店）は、日露戦争の頃開業した。百貨店として開業する以前より、座敷でお客さんに商品を紹介しながら売る座売《ざうり》から、商品をあらかじめ陳列して売る形になっており、それが発展して百貨店になった。

三越は一九二〇年代に、仙台、金沢などの名産品陳列会を催し、東北での産業博覧会などの計画立案にたずさわりながら、地方支店を拡大していった（加藤二〇一九）。こうした大規模百貨店の地方進出は、地元の商工業者との軋轢《あつれき》を生むことになる。東京でも昭和初期の不況の時期、中小商工業者との利害対立も生まれ、法による百貨店の規制が検討され、一九三七（昭和一二）年に百貨店法が制定された。

さて銀座のような代表的な繁華街の他、昭和初期には山手線の駅のまわりが開発され、繁華街が形成されていく。新宿は中央線で郊外とつながる窓口であり、昭和初期には三越や伊勢丹といったデパートの他、レヴューなどを上演する劇場であるムーラン・ルージュ新宿座も人気があった。当初の新宿駅の開発は東側が中心であり、西側には淀橋《よどばし》浄水場と広大な濾過池《ろかち》があり、あまり開発はされなかった。浄水場廃止後、一九七〇年代になって、京王プラザホテルなどの高層ビルの建設が進められた。その後一九九一（平成三）年には、有楽町から西新宿に都庁が移転した。

また先に、第二次世界大戦後のようすをみた渋谷も、震災後から昭和初期にかけて繁華街としての地位を確立した。渋谷は新市域に位置し、山手線、東横電鉄などを利用する客で賑わっていた。この時期、渋谷、目黒などから郊外に延びる通勤電車が整備され、旧荏《え》原《ばら》郡は震災をはさんだ一〇年ほどの期間に、急激な人口増に見舞われた。

また、二〇二〇年代には駅前の再開発が進められている渋谷だが、周辺の道路は整然と走っているとはとてもいえない。急激な商業地化、人口の増加に計画的に対応できなかったのである。

総じて東京の代表的な繁華街は、三越のような百貨店が人を集め、その付近に近代的な街が形成されることでできあがっていく。そして、震災復興後の昭和初期に、山手線の駅に併設された私鉄ターミナルを中心に、繁華街と遊興《ゆうきょう》の空間が一体化した街が形成された。戦後には、各駅前のヤミ市の形成とその撤去などを経ながら、新たな展開がみられた。

†近代の大イヴェント

近代の都市におけるイヴェントは、大小さまざまな形で行われている。

明治の上野公園では、近代初期における国家的なイヴェントが数多く行われた。ここは第一回から第三回までの内国勧業博覧会（内国勧業博）の会場であり、憲法発布記念式典（一八八九〈明治二二〉年）、日清戦争祝捷大会（一八九四年）、日露戦争祝捷大会（一九〇五年）なども行われた。このうち最初の内国博は、一八七七年に開催され、殖産興業《しょくさんこうぎょう》を推進する重要な行事であった。政府としては、これを江戸時代からの開帳《かいちょう》や見世物とは厳密に区別し、また出品される物を厳選しようとした。

とはいえ博覧会は、次第に見世物的な性格を示すようになった。一九〇三年に大阪で行われた第五回内国博では、回転木馬、観覧車、パノラマ館、不思議館などが登場し、一九一四（大正三）年の東京大正博覧会では美人島探検館、お化け屋敷など見世物と変わらない状態となった（吉見一九八七）。

しかし、もともと産業振興の一環として開催された内国博は、政府の殖産興業政策と連動したものであった。その出品物を中心にみると、各回の時代的特徴が見出される（國二〇〇五）。

第一回の内国博は、政府による洋式機械の展示・運転が行われ、手工業から機械工業への発展を体験させた。一八八一年の第二回は、国内での外国製機械の模倣が進むなか、政府主導で製品をチェックして実用化を進める政策を背景にしていた。そして一八九〇年の第三回では、次第に機械出品の主体を民間に移すことが進められた。続く第四回（一八九五年・京都）では機械特にその部品の実用化・国産化が進展している状況を、また第五回（一九〇三年・大阪）では機械国産化と輸入抑制政策のもと、一部は輸出産業化している状況をそれぞれ反映していたといわれる。

ただし、次第に内国博の産業振興における効果は疑問視されていく。とはいえ、のち一九一四年には先述の東京大正博覧会が、第一次世界大戦後の一九二二年には平和記念東京博覧会が開催され、その他奠都五〇年記念、化学工業、電気、婦人子供博覧会などが上野公園などで開催されている。平和記念東京博覧会では陳列内容より、「外観の美」や「娯楽的興味」を重視したというから、興行化の傾向はますます強まったのだろう(『東京百年史』第四巻)。

その他、先にみた日清・日露戦時の祝捷会も、大規模な提灯行列と、それを囲む見物人が集まる場であった。特に日露戦争の際は、戦勝ごとに祝捷会が東京市や実業団などの主催で開催され、上野だけでなく二重橋前、日比谷公園などが会場となった。特に一九〇四年五月の祝捷会では日比谷公園が会場となり数万人が集まった。

提灯行列や祝捷会は、民衆にとって「祭り」の側面をもっていた(櫻井一九九七)。東京市主催の会も、花火・剣術試合・今様《いまよう》・能狂言・風船・神楽《かぐら》・活動写真などが催されたという。こうして日比谷公園は、自由に意思表示を行う場となっていく。

日露戦後の騒擾のエネルギーや、街頭に繰り出しアピールするという行動様式は、こうした機会を通じて蓄積されていったといえる。

†「花街」とはどういう場所か?

繁華街には、いわゆる「花《かがい》・街《はなまち》」、あるいはそれに類似する場が見いだされる。「花街」という場合、いくつかのカテゴリーが一緒になることがある。つまり「遊廓《ゆうかく》」、「料理屋」、いわゆる「私娼窟《ししょうくつ》」など、本来は区別されるべきいくつかの空間が混ざって理解されることが多い。しかし、これらは厳密に区別する必要がある。もちろん、芸妓と売春がまったく無関係ではないなど、境目がはっきりしない事例も存在するが、区別のうえでその混在を考える必要がある。

また「遊廓」という語は、男性の視点からの呼び方に違いないので、この語の示す通りに繁華街や娯楽などを対象とする本章で扱うのにも躊躇がある。ただし「遊」という視点とはいささか異なった扱い方をするので、本章に置き、他の章とも関連させて述べていきたい。

近代日本において、売春が国家的に認められていたことはよく知られている。売春防止法が公布されたのは、第二次世界大戦終結から一〇年以上経た一九五六(昭和三一)年であり、施行は一九五八年である。

一八七二(明治五)年に制定された、いわゆる芸娼妓《げいしょうぎ》解放令では、芸娼妓が自由意思で稼業を行い、それに座敷を提供するという形をとった。東京などでよくみられたのは、芸妓置屋《おきや》、待合茶屋、料理屋（これらを三業と呼ぶ）があり、待合茶屋で客が芸妓を呼び遊興を行い、料理は料理屋に注文するというものである。芸妓を呼ぶ際には、検番《けんばん》をとおすことになっていた（加藤二〇〇五）。

豊田正子は、芸妓になるように母親に勧められた。貧困が原因で親が娘を芸妓や娼妓として働かせることは、しばしば行われた。その際、親などに前借金が渡され、これを娘が働いて返済するという形をとる。近代においては、契約は当事者の自由意思で結ばれる建前であった。芸娼妓稼業契約の面では、自由意思による解約が法律上認められるようになるものの、前借金契約はこれとは別であるとされた。芸娼妓は公認されているので、この稼業で借金を返済するのは当然ということになる。こうして、前借金による奴隷状態が正当化されたのである（小野沢二〇一〇）。

浅草の北の方に位置する吉原《よしわら》は、江戸・東京の代表的な遊廓であり、その他、明治期には根津から深川の洲崎《すさき》に遊廓が移り、ここも吉原と並んで多くの娼妓が置かれた。その他、品川、新宿、板橋、千住などにも遊廓が存在した。またこれとは別に、新橋、柳橋《やなぎばし》など芸妓置屋、料理屋、待合が集まる街も、東京には多くあった（図17）。これらは三業地などとも呼ばれた。

以上は、国家が認めた娼妓と芸妓という存在についての説明である。その他、これらとは違って非合法で売春が行われる場所もあった。そこにいる女性は国家＝公が認めたという意味での公娼に対して、私娼と呼ばれた。

私娼が多くいる場所という意味で、「私娼窟」と呼ばれる場所もあった。東京では、向島の玉《たま》の井《い》と、亀戸がよく知られている。昭和初期、玉の井には永井荷風《ながいかふう》がしばしば出入りしており、その雰囲気は、一九三六年に書かれた小説『濹東綺譚《ぼくとうきだん》』に詳しい。永井の足跡を詳しくあとづけた書物も少なくない（川本一九九六）。

図 17　石塚稲荷神社、「柳橋芸妓組合、柳橋料亭組合」と彫られた玉垣（2022 年 10 月）

玉の井は戦災で破壊され、現在は住宅街となっている。その他、戦後にいわゆる「赤《あか》線《せん》」となり、荷風が通った「鳩の街」は玉の井からそれほど遠くないところにある。他方、亀戸天神の裏手の方にやはり私娼のいた街があったが、こちらも現在は当時とは異なっている。

私娼と公娼は何が違うのか。最も大きいのは、先に述べた通り彼女らの売春行為が法律上認められていたかどうかだ。だが後で述べる通り、私娼に対しても公娼のように定期的な性病検診が行われる場合もあり、昭和初期の玉の井、亀戸では、事実上それが義務付けられていたという（寺澤二〇一四）。一九二〇年代後半には警視庁は地域を限定し、目立った勧誘をしないなどの条件をつけてこれらの「私娼窟」を黙認したのである。また吉原などから隔離して、競合が起こらないようにすることも黙認の条件であった。

その意味で、寺澤優《てらざわゆう》は玉の井や亀戸での売春とその担い手のあり方を、「準公娼」という用語で説明している。ではなぜ、「公」と「私」という差異ができるのか。娼妓は、一八歳未満は認められないという年齢上の限定があり、また生活困窮度、健康状態などの面での制限が厳しかった。そのため娼妓の条件を満たさない者が、私娼となる場合も少なくなかったからである。

†ツーリズムと戦争

戦争とツーリズム（観光旅行）というのは、ほとんど無関係で、むしろ矛盾するものと考えるのが普通である。もちろん矛盾する面もあるのだが、一九三〇年代の日本は、戦争ないし戦時動員とツーリズムが併存した時代といってよい。それについては本項の後半で説明するとして、まず東京市の郊外観光地の発展を、三多摩を中心にみていこう。

東京市に住む人々は、古くから郊外に出かけて休養をとった。大正期には史蹟名勝保存法を制定し、史蹟などを地方自治体が管理する制度をつくった。史蹟は国あるいは地域への愛着を促進させるものであるし、また人々をその地域に呼び込む役割も果たした。

そのような史蹟とは区別されるが、陵墓《りょうぼ》それ自体もさまざまなアイデンティティを喚起し、また事実上観光資源として機能するであろう。一九二七（昭和二）年に大正天皇の陵墓が南多摩郡横山村に造営されるが、そこは新しい観光地になった。また一九三〇年には、多摩《たま》聖蹟《せいせき》記念館が開館した。これは、明治天皇など皇族の狩猟場だったこの場所を聖地化しようとする試みであった。このように、皇室に関連する場所を、さまざまな形態で顕彰と娯楽の対象とする動きもあったわけである。

図18　玉川苑（京王閣）には、都電の軌道石が敷きつめられている。（2022年5月）

また、もう少し東京市に近い多摩川付近も、日帰りの行楽地として人々を集めた。

玉川電鉄、京王電鉄などの開通で、このあたりへの都心からのアクセスは、非常に便利になる。西郊に延びる電車の沿線には、大正期から昭和初期にかけて、娯楽に関わる施設が次々とできていった。玉川第二遊園地（のち二子《ふたこ》玉川園）、多摩川園、京王閣《けいおうかく》遊園、向ヶ《むこうが》丘《おか》遊園ができ、また多摩川からは離れるが、西武線沿線の豊島園も、同じ頃に開園している（図18）。

以上の施設のうちいくつかは、戦後も長い間、遊園地として多くの人々を集めた。これらは遊園地取締規則（警視庁が一九二六年に制定）の前後につくられたが、もともと遊園地というものが、性風俗に関わる場所として設置されてきたのに対し、先の取締規則制定で、それと切り離された健康的な場になっていく。そうした流れのなかに、遊園地は位置づけられるのである（安野一九九九、二〇〇二）。

さて内務省も国民の休養、健康という観点から、郊外公園、自然公園を都市計画施設としてつくることを考えていた。

一九二二（大正一一）年には内務省内に公園協議会ができ、また東京市もこれ以前から郊外公園、自然公園施設整備事業の計画を立てていた。国による公園設置の政策として、一九三一年には国立公園法が制定されている。また翌年には、第1章でみた東京緑地計画協議会が設置され、日帰り行楽地の整備が本格的に検討された。一九三五年には三七カ所の景園地が指定され、行楽道路が決定した。景園地のうち一一ヵ所が三多摩に位置していた。このなかで御岳山《みたけやま》、高尾山《たかおさん》などで自然公園施設整備事業が行われた(梅田二〇〇二)。こうして三多摩は、東京市の郊外としてさらに観光地化したのである。

そしてこの時期は、まさにツーリズムの隆盛がみられた。一九三〇年には鉄道省に国際観光局が設けられ、日本観光地連合会が一九三六年に日本観光地連盟に改組し、観光事業を進める主体として発展をみた。こうして旅行ブームを後押しするサービスの供給源が整えられ、観光地などへの旅行を楽しむ人々が増えていった。一九三七年七月の日中戦争開始と、国民精神総動員運動により、そうした動きに一時的に水が差されたのは事実だが、戦争の長期化は軍需景気を生み、一九三九年あたりは空前の旅行ブームとなる。

他方、こうした鉄道を利用した旅行だけではなく、郊外でのレクリエーションも盛んになった。例えば大阪市では、大阪遠足連盟が結成され、自然を求めて郊外に出かけることを推奨した。こうした動きに対しても、鉄道省が後押ししたのである。また日中戦争開始後も郊外へのハイキングはやむことはなかった。

多摩地方でも高尾山などがハイキングの場所として賑わった。京王電鉄は沿線地域にハイキングコースを設定して客を呼び込んだ。武蔵野コース、多摩聖蹟コース、南高尾・北

図19　八王子付近のハイキングコースの地図（1930年代末、『パルテノン多摩歴史ミュージアム特別展　郊外行楽地の誕生』より）

高尾・陣馬《じんば》山《さん》・津久井《つくい》渓谷コースなどである（『パルテノン多摩歴史ミュージアム特別展』）。また奥多摩の渓谷や山岳地帯も人気の場所となり、一九三五年には御岳登山鉄道（ケーブルカー）が登場した（図19）。

以上のような動きを前提に、東京市、大阪市、厚生省などが展開したのが厚生運動であった。これはもともと、ナチ・ドイツのKdF（歓喜力行団）、イタリアのドゥオーポ・ラボーロ（「労働の後」の意味）をモデルにしてつくられた組織である。旅行など休暇の娯楽や芸術鑑賞の機会を労働者に提供するものであるが、日本でもさまざまなスポーツ、観劇などの提供により、労働者へ「健全娯楽」を与えることが試みられ、厚生ハイキングなどもしばしば行われた。

こうしたなかで、東京鉄道局や京王電鉄などは、厚生運動を想起させるキャッチフレーズをつくって宣伝している。「鍛《きた》へよ銃後《じゅうご》の秋」「体位向上銃後の備へ」「体位向上　総親《そうしん》和《わ》」（「総親和」は平沼騏《ひらぬまき》一郎《いちろう》内閣のスローガン）などである。このような、戦時動員とツーリズムの関係を整合的に説明したのが高岡裕之《たかおかひろゆき》の研究であった（高岡一九九三）。

そして一九四〇年には、後に述べる通り、紀元二千六百年の奉祝に関連した行事が行われた。そして、伊勢神宮や橿原《かしはら》神宮など「建国聖地」とされる場所には、多くの観光客が押し寄せる。戦争の長期化で一方では輸送力の限界があり、旅行による人の移動は制限されなければならないが、二千六百年を名目とした旅行には、大手を振って出かけられるからである。

こうした旅行ブーム、そして旅行の担い手の大衆化は、同時にマナーの悪さなどを社会問題化させることもあった。特に登山など、従来は有産階級を中心に普及したスポーツの分野では、それが目立つことになる。のち太平洋戦争開始後も旅行ブームは続くが、さすがに輸送力の戦争目的への従属と、旅客増加の矛盾が甚だしくなり、鉄道省は団体客をいかに抑制するかという問題に頭を悩ませることになる。

そして戦争が終わり、経済的な混乱が落ち着くと、またツーリズムへの国民の欲求が強まる。一九五〇年に国定公園の指定が始まることも関係しているだろう。同じ年に東京都が都市自然公園条例を制定し、滝山、高尾山、多摩丘陵、狭山《さやま》、羽村《はむら》草花丘陵、秋川丘陵などを指定した。京王電鉄も、野猿峠《やえんとうげ》ハイキングコースに平山城址《じょうし》公園を設置してハイカーを誘い、また一九六七年に高尾山口まで乗り入れて、同地を日帰りでいくことのできる観光地として定着させたのである（『パルテノン多摩歴史ミュージアム特別展』）。

†帝都の復興を祝う

先に述べた明治大正期に続いて、ここでは昭和期の大イヴェントをみていこう。まずは関東大震災からの東京の復興を祝う帝都復興祭である。

帝都復興事業は、大正一二（一九二三）年度から昭和五（一九三〇）年度にかけて実施された。当初六年計画であったものが八カ年に延長されたのである。

こうした大規模な事業の完成による復興を祝って、一九三〇年三月二四日、二六日に帝都復興祭が実施された。二四日には市内への昭和天皇の巡幸《じゅんこう》があり、二六日は、天皇の出席のもとで復興完成式典が行われた。二六日の皇居前での式典の後は、日比谷公園で帝都復興祝賀会が開催され、市内でも小学校児童の旗行列や、夜間の提灯行列、音楽行進、体育大会、演劇・舞踏・映画などの催し物があった（『帝都復興祭志』）。

巡幸の際は、田安門内の他、府立工芸学校、上野恩賜公園、隅田公園、震災記念堂、千

代田尋常小学校、市立築地病院などに天皇の「立寄所」が設けられている。そして千代田小には、東京市復興事業局作成の隅田公園の模型や、復興事業各年度進行表などが展示され、築地病院では衛生施設、社会事業施設についての説明が行われたらしい（図20）。

図20　千代田尋常小学校での展示。復興後の街の模型が展示されている。（『帝都復興祭志』より）

また帝都復興祭に先立つ一九二九年一〇月から、市政会館で帝都復興記念展覧会が開催され、帝都復興や東京市政に関する事項、関東大震災に関する記録、絵画、写真、模型その他の物件が展示された。これらの資料の一部は、本所区横網の震災復興記念館に収められた。また先の帝都復興祭の展示も、半分ほどが移管された（高野二〇一〇）。これらは現在の東京都復興記念館でみることができる。

†オリンピック・万博と紀元二千六百年

東京で行われた戦前期のイヴェントとしては、やはり一九四〇（昭和一五）年に予定された三つの行事にふれる必要がある。オリンピックと万博、そして紀元二千六百年関連行事である。紀元二千六百年とは、神話上の人物である神武《じんむ》天皇が即位してから二六〇〇年という意味であり、国をあげて奉祝することが決まっていた。

このうち実際に行われたのは紀元二千六百年関連行事のみである。オリンピックは、一九三二年に東京市会で誘致が決議され運動を開始、一九三六年のベルリン・オリンピックの頃に、東京への誘致が決定する。誘致決定後は、選手村や競技場の場所の選定をはじめとした準備に、東京市だけでなく厚生省や大日本体育協会などが協力しながら取り組んだ。会場は、最終的には世田谷区の駒沢ゴルフ場が選定される。だがこれは、日中戦争の長期化により中止となった。

とはいえオリンピック開催の決定と、ベルリンでの日本選手の活躍によって、スポーツ熱は非常に高まっていった。そして陸軍が国民体位の低下を問題視するなかで、それを克服するスポーツの役割が強調されていった。一九三八年に厚生省が設置され、大日本体育協会はこれと協力しながら、国民体育の振興を目指した（高岡二〇〇九）。他方で、国民のレクリエーションを組織化し、職域や地域を中心として展開する厚生運動が行われた。

また同じ一九四〇年には、万国博覧会の開催も予定されていた。これも、紀元二千六百年記念日本万国博覧会という名の通り、奉祝記念事業の一環であった。オリンピックが九月から開催される予定であり、万博はその前の三月中旬から八月末にかけて、東京の埋立地（晴海、豊洲）と横浜・山下公園などを会場として催されることになっていた。

東京の会場では各産業館の他、外国館、外国特設館、内外即売場が設けられる他、娯楽施設が設置される予定だった。また横浜には、海洋館、水産館、水族館などが置かれる予定だった（『紀元二千六百年記念日本万国博覧会概要』）。娯楽施設としては、大サーカスや「世界風物モンタージュ」という企画、それに音楽堂、こどもの国、演芸館、野外演芸館、映画館なども用意されようとしていた。こうしてみると万博は、これまでの博覧会と同じように、かなり娯楽性の強い企画であったことがわかる。しかし、これもオリンピックと同じく中止となってしまう。

紀元二千六百年関連行事と社会への影響

一九四〇（昭和一五）年に予定された三つのイヴェントのうち、実際に行われたのは紀元二千六百年奉祝に関わる行事のみである。同年一一月一〇日、一一日に行われた政府主催の記念式典と奉祝会は、天皇も参列した最も大きな行事だが、それだけではなく東京市は、独自の奉祝会を行っている。

またこれとあわせて、陸上競技他の競技会や、新東亜建設東京大会という「満洲国」、中国（汪兆銘《おうちょうめい》政権）などからの代表を集めた催しも行われた。それに宮城《きゅうじょう》（皇居）外苑整備や大緑地の建設も、二千六百年を記念した事業として行われた。後者によって、先にもふれた砧、神代、小金井、舎人、水元、篠崎の緑地が整備されたのである。

この一九四〇年、政府は国民の精神総動員をもくろんで、内地と植民地などを含めさまざまな取り組みを行った。奉祝式、祝賀会、旗行列は七〇〇〇件以上、のべ参加人数は一二六五五万人以上だったという。

古川隆久《ふるかわたかひさ》は二千六百年の諸行事とそれへの国民の動員、それに政治史との関連について論じている（古川一九九八）。ここで行われた諸行事は、表面的な派手さはあるものの、一般国民は全体として式典前後の期間を楽しむという程度のスタンスであったという。心から奉祝の気持ちで参加したという人が、どのくらいいたのかわからない。むしろ二千六百年関連行事は、その準備過程も含めて地域の経済発展をめざすという面が大きかった。

確かに日中戦争開始後、特に一九三九年あたりは、軍需景気のなかで工場労働者などの賃金が上がり、街は好景気であった。翌年になると物資統制の影響が深刻化するのだが、デパートでの奉賛展覧会などを通じて人々を消費に呼び込み、「建国聖地」巡礼を名目に、旅行を楽しむ雰囲気があっただろう。

一方では奉祝の感情、他方では地域で集まった寄付が多かったからなのかわからないが、街なかの神社や公園には、紀元二千六百年を記念して建立された石造物が少なくないこと

図21（左）　都立芝公園（港区）
図22（右）　白旗稲荷（現・中央区日本橋本石町）

に気づく。筆者自身、東京の街を歩く際には神社の玉垣《たまがき》に記された情報や、石造物の建立年代をチェックするようにしているのだが、二千六百年記念と入ったものをみつけることはかなり多い。

台東区の下谷《したや》神社の本殿入り口にある石造の賽銭箱《さいせんばこ》には、奉祝記念の文字と愛国婦人会下谷分会の名前が入っている。同じ頃の国防婦人会下谷御《お》徒町《かちまち》分会の記録をみると、二千六百年奉祝というわけではないが、分会として下谷神社に参拝しているので、出征前の祈願を行う場としてここが機能していたのではないかと思われる。

また港区の都立芝公園四号地には「芝公園町会」の手になる「紀元二千六百年奉祝記念」と入った石造物が立っている。その他いくつかの神社で二千六百年を記念して設置されたものを確認できる（図21、図22）。

これらはもちろん、奉祝の意図で設置されたのだろうが、戦時景気の影響でお金も集まりやすかったのかもしれない。また物資統制という点でも、石材は手に入りやすかったのではないか。これについては今後の研究課題である。

娯楽、レクリエーション、奉祝の実態と、社会史・政治史の関わりは、先に示した古川隆久、高岡裕之らが積極的に議論を展開してきた。一九三〇年代、四〇年代の社会をどのように理解するかという点について、二人の意見は異なるが、社会から政治をみようとする視角は共通性があり、二人が日本近現代史研究に寄与してきたことは強調しておきたい。

†ヤミ市と戦後の駅前繁華街

戦後の駅前繁華街の発展を考えるうえで、敗戦後の時期にできたヤミ市は、どうしてもはずすことができない。これについては近年、特に都市計画史、建築史などの分野での研究が進んでいる。

一九四六（昭和二一）年時点でのヤミ市、つまり食材、古着、米軍などから流れてきた物資を売りさばく露店が集まる所は、当時の東京三五区（のち二三区となる）の主要駅前に大小さまざまな形で展開した（初田二〇一六）。特に露店がかたまって存在したのは、新宿駅西口、上野広小路、浅草公園付近、蒲田駅西口、池袋駅西口と東口、北千住駅前などである。先にみた渋谷も、敗戦後には駅前のヤミ市が賑わった。

戦時統制のなかで多くの物資には公定価格が定められ、公定以外の値段で取引することや、決められた数量以上を売買することは非合法であった。しかしそうした取引をするマーケットは存在したし（闇、ないし闇市《やみいち》）、物資が窮乏し、また配給機構が機能しなくなるなかで、こうしたヤミ市の商品がなければ人々の生活の維持が困難となっていたのは否定できない事実である。

戦中には「世の中は星に碇《いかり》に闇に顔……」などといわれ、陸海軍人と闇商人や顔役が幅を利かすとして皮肉られていた。そして敗戦により、経済の混乱に一層の拍車がかかり、その日の生活維持が人々の最大の関心事となる時期においては、合法にせよ非合法にせよ、物資の取引が行われて、それが事実上制度化されていく。こうしてヤミ市が展開する。

これらのヤミ市は、テキヤなどの支配によって機能したのであり、行政もそれを前提に同業組合を組織させ、一定の秩序のもとで露店の営業と物資の取引を行わせたのである。そして戦時期の建物疎開などで空地になった駅前などに、露店が展開していった。個人の土地にせよ、公の土地にせよ、いずれも所有者のいる場所なので、いわば「不法占拠」であるが、それも前提のうえでの営業であった。

また例えば新宿においては、こうした商売の空間を尾津組、和田組、安田組など、テキヤ組織が仕切っており（石榑二〇一六）、その他のヤミ市も多かれ少なかれ同様であった。またそれまで、日本の植民地支配のもとにあった朝鮮人や台湾人、それに中国人もヤミ市での商売に参入しており、しばしば日本人のテキヤ団体などとの抗争がみられたのである。

ヤミ市は敗戦から復興の時代においては、物資の窮迫という特殊な経済状況のもとで発生し、かつ親分・子分的な前近代的関係に基づいた古い体質の組織とみなされた。だがのちには、この混沌とした空間に、庶民が生きるためのエネルギーが見出され、また近年では戦後の駅前繁華街の発展を考えるうえで、欠かすことのできない経験としてとらえられている。

GHQは一九四九年八月に、翌一九五〇年三月末までに公道上に展開された露店を撤去するよう命令を出した。東京都は石川栄耀《いしかわひであき》を中心として戦災復興区画整理事業を進め、またヤミ市の移転や転業を促進し、その間、代替地となるビルなども建設した。また一九六〇年代になって、駅前の都市再開発やオリンピックに向けた都市改造が行われるなかで、新たなビルや地下街に移転することもあった。現在もマーケットとして残っている所は少なくない。

その意味で戦後のヤミ市の展開が、のちの商店街のようすを規定しているといえそうである。

†月島という街

本章の最後に、ヤミ市として有名な場所ではないが、戦前は多くの露天商が出た場所であり、高度経済成長ののちの時代から、もんじゃ焼きの街として有名になっていく月島についてふれる。ここは明治期に埋め立てによって造成された場所である。近世から石川島にはいわゆる人足寄場《にんそくよせば》が置かれ、近代には造船所となった。また隣の佃島は佃煮で有名な場所である。月島は明治期に埋め立てが行われ月島一号地、二号地そして三号地が完成した。

この地域には、次第に機械工業や鉄工業の工場が集積していく。最も大きいのは石川島造船所（石川島播磨《はりま》重工業）であり、その他、月島鉄工所、新潟鉄工所、月島機械工業などの企業が開業して、これらを中心に中小の工場が展開していった。また住民もそれらの工場に勤務する職工とその家族が多かった。その一方で自営業者と露天商なども集まった。太平洋戦争期も空襲被害はそれほど大きくなく、労働者の街と西仲《にしなか》通りを中心とした商業地は残り、戦後にかけて発展していく。

こうした月島の社会経済的な発展にふれながら、ここがもんじゃ焼きで有名になっていく過程を明らかにしたのが、武田尚子《たけだなおこ》の研究である（武田二〇〇九）。もともともんじゃ焼きは月島独自のものではなく、東京の下町などで広く食べられていた子供の食べ物であった。それが次第に大人の食べ物として、お酒と一緒に味わうものになっていったらしい。戦前から月島には駄菓子屋が多く存在したが、もんじゃ焼きの店は見出せなかったという。

一九七〇年代末に石川島播磨重工業が転出し、その後工場の数も減っていく。武田は、一九八〇年代の新しい交通網や都市基盤の整備と地域社会の変容のなかで、新たなローカルアイデンティティとしての「月島もんじゃ」が売られ、定着していったと分析している。七〇年代末には、墨田区の東武線、京成線の曳舟から玉の井を経て鐘ヶ淵あたりにもんじゃを食べさせる店が多く展開し、墨田区は「もんじゃの里」などと呼ばれている（『読売新聞』一九七九年一二月三日）ので、月島がもんじゃ焼きで有名になるのは、その後の時代に違いない。

また、社会経済史的には、月島をフィールドとして行われた月島調査が知られている。これは高野岩三郎《たかのいわさぶろう》を中心として、一九一八（大正七）年一一月から行われ、二号地に調査所を置いて、熟練工を中心的な調査対象として実施された家計調査である。これによって、労働者の家計や世帯構成、食生活や娯楽などのようす、商店・各種施設の配置状況などが克明に記録された。先の武田は、大原社会問題研究所に所蔵されている調査の際の個票も検討している。

当時、この調査に従事した一人に三好豊太郎《みよしとよたろう》がいる。筆者は大学院生の頃、韓国から留学し皇室の社会事業について研究を進めていた研究者とともに、三好からお話をうかがったことがある。残念ながらこの月島調査の話は聞けなかったが、戦前の社会事業に関して得るものがあった。

三好の著書によると学生アルバイトのような形で調査所に通い、各種施設、商店の配置などを図示した社会地図、住宅の間取り図などの作成に従事した。三好は、当時の労働者がもらっていたのは出来高賃金であり、病欠などの場合、一度に家計が悪化すること、乳幼児の死亡率が高かったことなどを強調している。

また月島に駄菓子屋が多い理由について述べている。すなわち労働者の生活が不安定なため、妻が内職することで生活費をまかなわざるを得ず、なかなか育児に手が回らない。そこで子供をあやす際に駄菓子屋を利用したのだという。また間貸しによって家賃を稼ごうとして、一戸あたりの居住人員が増えたので、貸布団屋や質屋が多く存在したという（三好一九八九）。

少なくとも大正期に月島の調査にあたった三好の実感は以上のようなものであり、こうした調査結果を三好は東京市における社会福祉、労働衛生、社会衛生、教育制度の不備のあらわれとしてとらえていた。

以上、東京の繁華街の成り立ちや、イヴェントの実態をみてきた。これらが、東京の社会経済史や、場合によっては政治史を考える材料としても有益であることが、おわかりいただけたのではないか。

第 7 章

高いところ低いところ

東京タワー(2023年1月撮影)

†山の手と下町

東京の二三区をとってみても、地理的にも山の手といってよい台地の部分と、下町といえる平地の部分がある。とはいえ山の手と下町は、こうした台地の上か下かという地理上の区分ではなく、社会的な意味での区分といった方がよい。さらに社会的な区分には、歴史的な変化がある。

石塚裕道《いしづかひろみち》と成田龍一《なりたりゅういち》によれば（石塚・成田一九八六）、次のように整理される。

もともと下町という呼び方は、江戸城の「御城下《おしろした》の町」というところから来ているという。下町は南北でいうと新橋から神田筋違橋《すじかいばし》（神田須田町あたり）、東西でいうと、隅田川と外堀で囲まれた低地である。だいたい日本橋、神田、麴町、京橋あたりになる。そして山の手は、駒込、本郷、小石川、市ヶ谷、四谷、青山、赤坂、麻布《あざぶ》のあたりを示すという。

明治中期に浅草・下谷が下町に加わり、隅田川の東側すなわち「川向う」の本所・深川が下町に加えられるのは、関東大震災後となる。これは江東地域に工場地帯が展開することと関係している。他方、もともとの下町である日本橋、京橋は商業地として賑わったが、麴町には官庁とオフィス街が展開していく。特に丸の内は、三菱によって開発が進み、日本を代表するオフィス街となった。

さらに震災前後の時期から、旧来の山の手以外にも郊外住宅地が開発される。私鉄沿線に計画的に配置された住宅地としては、田園調布、成城などが代表的である。旧荏原郡の品川、目黒、世田谷や、新宿駅の西側の中野、杉並などが急激に住宅地化していくのも、この頃であった。そして下町は、先に述べた通り東側に拡大していく。

和田清美《わだきよみ》の研究を参考に整理すると、戦後復興期から高度経済成長期には、都心業務地域に金融・商業機能や行政の機能が集中し、また山の手の住宅地域、区部周辺部の住宅地域、さらに外側である多摩地域に人口が流入していった。

山の手住宅地域と区部周辺部の中間には、これらの流入者、特に単身世帯などが暮らす木造賃貸アパート、いわゆる「木賃アパート」が続々と建設された（和田二〇〇六）。墨田区、江東区にある下町の住宅地と商工業の混在地域は、さらに足立区、葛飾区などにも広がっていくことになる。また城南（大田区を中心とする）が工業地帯化し、高度経済成長期以後も東京の工業を中心的に担っていく。

東京オリンピック前年の一九六三（昭和三八）年公開の作品である映画「下町の太陽」の舞台は墨田区であったが、一九六〇年代末から一九九〇年代にかけて人気を博した「男はつらいよ」シリーズ（山田洋次監督、松竹。渥美清主演）で、葛飾区柴又《しばまた》が舞台となることにより、下町はさらに東に広がった（橋本二〇一一）。寅次郎《とらじろう》の妹さくらの夫が勤めるのは、タコ社長の経営する朝日印刷である。

一九八〇年代半ばに、筆者自身も葛飾区にあった寮に住み始めたが、近くで中小の工場が、またそれほど遠くない中川の河畔では森永乳業の工場が操業していた。高度経済成長期に葛飾区が下町に入ったとすると、豊田正子が戦前に住んでいた葛飾区の四ツ木あたりにはセルロイド工場などがみられたが、厳密にはまだまだ下町とはいえない東京市の東の郊外ということになろうか。このように、なかなか下町概念は難しい。

†川と生活

下町の持つ地理的なイメージに関連して、隅田川に沿った平地は埋立地を起源とするところもある。そのこともあって、海抜ゼロメートルと呼ばれる、満潮時の海水面より低い地域が、隅田川と荒川放水路に囲まれて存在している。『毎日新聞』(一九五九〔昭和三四〕年二月二六日)では「東京ゼロメートル地帯」という語が使われていた。

この地域の地盤沈下は、すでに大正時代には確認されており、のちに工場からの揚水《ようすい》が原因であることがわかった。もともと海抜が低い上に、取水による地盤沈下が加わったのである(難波二〇一四)。ここでは、川の水面が周辺地域より高い位置にあるような川も少なくなかった。このあたりから江戸川にかけての地域では、戦後においてもカスリーン台風、キティ台風などで大きな被害が出ていた。

東京都は、高潮対策事業により臨海部とそこにある河川に、防潮堤、護岸、水門、排水機場を整備してきた。江東区内を東西に流れ、隅田川と旧中川をつなぐ形になっている小名木川でも護岸整備が行われ、川沿いに歩道がつくられている。以前は、地盤沈下のため

図 23（上）　小名木川旧護岸（江東区北砂、2022 年 6 月）
図 24（下）　戦前の小名木川（『東京市市政概要』1931 年版より）

図25　方面船（『東京市市政概要』1936年版より）

に繰り返し工事が行われ、護岸がかさ上げされてきた。江東区北砂には、以前使われていた護岸が一部残されていて、これは「小名木川旧護岸」と名付けられたモニュメントになっている。一九七〇年代に水位低下対策を開始して一九九〇年代に完成、それまでの護岸が必要なくなったのである（図23、図24）。

さて東京の川は、戦後にかけて多くが埋め立てられたが、それはもともと物資の運搬に欠かせない交通路であり、その仕事に従事する人々が生活する場でもあった。国勢調査が開始された一九二〇（大正九）年頃、東京水上警察署管内において、艀船《はしけぶね》などで生活しているのは約四四〇〇以上の世帯、約一万七〇〇〇人であった。これらの人々は、船貨物運輸、石炭・土砂、糞尿などの水上運送に従事した（草間一九二二）。

昭和初期の船舶定繋地《せんぱくていけいち》についての調査によれば、荒川放水路から隅田川を経て芝浦までの地域で一二五四以上の世帯が確認でき、小名木川が三七七、竪川が三二九、北十間川《きたじっけん》に

三二八、大横川《おおよこ》に三二八、その他金杉川《かなすぎ》、汐留川他の河川などに三〇〇〇〜四〇〇〇の船があったという。これは、ある時点での船の動きから推定したものである。これらの船は、回漕店や倉庫を中心として仕事を得ながら動いていた(「座談会　水上生活者問題について」)。

また艀業者のもとでの労働においては、親分・子分的な関係もみられた。これらの小型船による仕事も景気の良し悪しに大きく左右されるものであり、東京市は水上方面委員制度を置き、水上生活者に対して衛生問題、児童の教育問題、経済施設などの対策も行った(図25)。

†近代における高い場所

まわりの土地より背が高くて、そこに登れば周囲の街並みを一望できる。このような場所は、古くから人々を魅了した。都心では愛宕山《あたごやま》がそれであった。

ここは標高約二六メートルの高さがあり、頂上には江戸時代の初期に愛宕神社が置かれた。近代においても、ここは東京の景色を見渡せる場所として知られた。一九世紀末、山頂からは芝、麹町、京橋、日本橋、下谷、浅草、深川区方面が一望でき、また煙を吐く工場の煙突、走る汽車、遠くには芝浦・品川の海に多くの帆がみえたという。さらにその向こうには房総《ぼうそう》の山がある。

一八八九（明治二二）年にはここに五階建ての愛宕塔ができ、その最上階には望遠鏡も備えられていた。それを覗けば日本銀行、東京府庁、帝国ホテル（有名なライト館ではない）、浅草凌雲閣《りょううんかく》、ニコライ堂などが確認できたという。「眺望の絶佳《ぜっか》なる、都下第一と為す」というのもうなずける（『東京名所図会・芝区之部』）。

時代は下って、一九二五（大正一四）年三月に東京でラジオの試験放送が始まり、続いて大阪、名古屋でも開始される。同年七月、愛宕山山頂に日本放送協会の放送施設が置かれ、遮音と反響防止に考慮した演奏室も設置された（『日本無線史　第二巻』）。しばらくして放送施設は内幸町《うちさいわいちょう》のＮＨＫ東京放送会館に移る。

先に登場した浅草凌雲閣（浅草十二階）も、明治期に建てられた東京のランドマークであり、市中を見渡せる場所でもあった。一八九〇年に建設されたこの塔は、煉瓦で一〇階までがつくられ、その上の二層は木造だった。高さは避雷針を含めて約五二メートルだという。浅草十二階の下には、歓楽街ができた（東京都江戸東京博物館ほか二〇一二）。

浅草十二階は、関東大震災の揺れで八階あたりから折れて、展望台も崩れ落ちてしまう。それより下の部分は残ったが、二次被害を防ぐためほどなく爆破・撤去された。先にふれた愛宕塔もこの災害で崩壊した。

昭和期に入ってからの話だが、浅草には十二階に代わって、「仁丹《じんたん》」（小さな銀色の粒の形をした口中清涼剤）の宣伝塔が建てられた。それは戦時期に解体されるが、一九五四（昭和二九）年に新たに浅草十二階を模した仁丹塔が再建された（細馬二〇〇一）。その塔も今はすでに存在しない。

†関東大震災前からあった丸ビル

浅草十二階が倒壊した一九二三（大正一二）年九月の時点で、すでにこの地震にも耐えられるビルがいくつか存在していたことは意外である。同じ浅草でも、隅田川の吾妻橋《あづまばし》に近いところにある神谷バーのビルもそのうちの一つ、今でも健在である。また丸ノ内ビルヂング（丸ビル）も震災の少し前に竣工していた。

丸の内は明治期に陸軍用地が三菱に払い下げられ、開発が行われた。市区改正事業による道路建設ともあわせて三菱はビルの建設を進め、一八九四（明治二七）年に煉瓦造りの三菱一号館ができた。馬場先《ばばさき》通りにある低層の赤煉瓦建物が並んでいく街区は、一丁倫敦《いっちょうロンドン》などと呼ばれた。のち行幸通りの一帯に丸ビルなど高層ビルが立ち並んでいくが、このあたりは一丁紐育《ニューヨーク》と呼ばれたという（『丸の内百年のあゆみ　三菱地所社史』上巻、資料・年表・索引）。

丸ビルは一九二〇年七月に着工、一九二三年二月に竣工した。地下二階、地上八階（一

図26　昭和初期の丸の内。中央右は丸ビル、中央左は東京中央郵便局（『東京百年史』第5巻）

部は九階）のビルである。同年八月の時点で、丸の内には三菱合資会社所有の建物だけで三九棟あり、そのうち鉄筋コンクリートのものが二一棟あった（図26）。

丸ビルが竣工したのは、関東大震災の半年以上前であったが、建設途上の一九二二年四月に東京地方に強震があり、丸ビルにも被害が出ている。そのため各階の主要部には、耐震鉄骨筋違一六三カ所を設置した。それもあって関東大震災の際に丸ビルは、大損害は受けなかった。それでも一九二三年一一月から賃借人が在室する形で、補修工事が三年近くかけて行われた。

昭和初期の震災復興事業終了の頃、東京駅の付近には、丸ビルの他、東京海上ビル、それに郵船ビル、東京中央郵便局などが並ぶようになった。東京駅からみて丸ビルの右側に新丸ビル（新丸ノ内ビルヂング）ができたのは戦後である。これは一九三七（昭和一二）年六月に着工したが、おそらく日中戦争長期化のためだろう、翌年一二月に工事が中断していた。一九五一年に工事が再開され翌一九五二年竣工したのである。

†さらに高いところを求めて

さて、戦後における高いところといえば、まず東京タワーが思い浮かぶ。

一九五三（昭和二八）年のＮＨＫのテレビ本放送開始ののち、ＮＨＫと民間各局は独自に電波塔を建てていたが、これを一本化するために一九五八年に東京タワーが建設された。高さはエッフェル塔をしのぐ三三三メートルである。

東京タワーの頂上には、ＮＨＫと民間放送局の二種類の放送用アンテナが取り付けられた。アンテナといっても全長が八〇メートルもあるもので、タワー建設の最難関の工事であったという。ながく電波塔としての役割を果たした東京タワーであったが、高層ビルの立ち並ぶ東京でデジタル放送に対応するため、二一世紀に入りさらに高い電波塔の建設が具体化した。

こうして二〇一二（平成二四）年、墨田区の業平橋《なりひらばし》駅にあった東武鉄道ヤード跡地に、六三四メートルの東京スカイツリーが誕生した。

ここに置かれた駅は一九〇二（明治三五）年に新設され、いったん廃止されるが、一九〇八年に浅草駅として使われた。そして一九三一年に、隅田川を渡って浅草雷門駅が、東武鉄道の始発となった際に、業平橋駅と改称された。ここは構内に機関区と工場を有する場所であり、北十間川《きたじっけんがわ》を経て隅田川に通じるドックも造られて、水陸の運送の拠点となった。工場としては、磐城セメント、日立セメントの生コンクリート工場、石材工場、砂利工場などがあった（『東武鉄道六十五年史』）。

川端康成の『浅草紅団《くれないだん》』（一九三〇年）には、浅草にあった地下鉄塔（雷門ビル）の尖塔にある東の窓から、周囲を見渡す場面が出てくる。その記述によれば、尖塔は四〇メートルの高さであったという。

「目の前に神谷酒場《バア》。その左下の東武鉄道浅草駅建設場は、板囲いの空地。大川。吾妻橋－仮橋と銭高組の架線工事。東武鉄道鉄橋工事。隅田公園－浅草河岸は工事中。その岸に石工場と小船の群、言問橋《こととい》。向う岸－サッポロ・ビイル会社。錦糸堀《きんしぼり》駅。大島ガス・タンク。押上駅。隅田公園、小学校、工場地帯。三囲《みめぐり》神社。大倉別荘。荒川放水路。筑波山は冬曇りにつつまれている。」

時期からして、ちょうど浅草雷門駅開業前の工事のようすを描いているのではないかと思われる。駅と一体の百貨店、松屋もまだない。若干の説明をすると、サッポロビールの工場は現在アサヒビールとなり、錦糸堀駅は市電停留場である。また大島ガス・タンクは、おそらく猿江恩賜公園の南側にあったガス会社、それに大倉別荘は、隅田川沿いの大倉喜《おおくらき》八郎《はちろう》別邸であろう。

話を高層ビルに戻すが、先にみた丸ビルは高さ約三一メートル、これは市街地建築物法、建築基準法で定められた高さ制限によるものであった。この制限は基本的に一九六〇年代まで維持されたが、都市計画法に特定街区の手法が導入され、のち建築基準法の改正もあり、これより高いビルの建設が可能となる。

霞が関ビルディングは、これらの法令に基づいて隣接する会計検査院の建物などとの使用権の交換を行い、特定街区の指定を受けて建設されたのである。一九六八年三月には、地上三六階、地下三階(高さは塔屋までで一五六メートル)でエレベーターを二九台備える霞が関ビルが完成した。この建設にあたって、弾力性のある大型H型鋼を使用するなどによって、耐震性を高める工夫がなされていた。建設当時の霞が関ビルは、まわりの建築物に比べてひと際目立つ存在であり、長く東京タワーと並んで、都心のランドマークとしての機能を果たした。

そして霞が関ビルの竣工と同じ一九六八年には、三井不動産は新宿西口開発に関わっていく（三井不動産株式会社二〇一二）。この時期、東京都が作成した新宿副都心建設計画により、新宿駅西口の浄水場を含む広大な土地が開発された。こうして一九七〇年代には、高さのうえで霞が関ビルを追い抜く京王プラザホテル、新宿三井ビルなどが次々と建てられていった。

†アーバン・ルネサンスからバブルへ

都市再開発法などの都市再開発に関わる法律は、一九六〇年代終わり頃に整備された。ただしこの時代は、東京においてはオリンピックを目指した都市改造の後の時代であり、さらに再開発の流れを促す動きもあったものの、革新の美濃部都政は、建設投資より福祉や公害対策に重点を置いた。オイルショックの時期に地価高騰がみられたこともあり、都市再開発政策を積極的に展開することはなかった。この時代に東京都が行った再開発は、防災対策を意識した、大規模工場跡地での住宅地整備などが中心であった。

一九七〇年代末に美濃部亮吉から鈴木俊一に知事が代わり、一九八〇年代は臨海副都心開発の時代となる。

一九八二（昭和五七）年末に誕生した中曽根政権も、国内の建設投資の減少に対応する必要性と、対米貿易黒字の解消を至上命令とした内需拡大の手段として、「アーバン・ルネサンス」を掲げ、都市再開発を有効な政策として位置づけた。ちょうど四全総《よんぜんそう》が策定される時期であったが、東京一極集中是正を課題とする国土計画の方向性があるなかで、それとは矛盾しかねない規模による、東京の再開発政策の推進がはかられたのである。

先の臨海副都心開発は、東京都と政府が対立をはらみながら進めた政策である。都の開発規模は、当初は約四六ヘクタールであったが、その後四四〇ヘクタール以上に拡大し、世界都市博覧会の開催も、あわせて行うことになった。

この時期、都市再開発の展開という点では、アークヒルズの竣工が重要であった。これは赤坂・六本木地区で行われた森ビルによる市街地再開発事業である。一九六七年に最初の土地の取得が行われ、一九八六年にオフィスとサントリーホール、商業施設、レジデンスを備えた施設として完成をみた。

このあたりは、旧赤坂区と麻布区の境にある低層密集地区であり、都市再開発の施行面積は約五・六ヘクタールである。もともと五〇〇人余りの権利者がいたが、最終的には五〇人の権利者で都市再開発組合がつくられた(長谷川一九八八)。民間デベロッパー、それも老舗《しにせ》でなく地元に根付いた新興の森ビルの主導で利害調整を行ったことに特徴があった(町村二〇一九)。

もちろん民間企業のみで事業を成し遂げたわけではなく、国、自治体もこれを後押しし、容積率の増加、用途地域変更なども行われた。総事業費のうち約四％が補助金であり、約二二％が日本開発銀行の融資だという。

事業を進めた森ビルの森泰吉郎《もりたいきちろう》は、アークヒルズの事業に関連して、次のように述べている。

四全総のように全国に投資をばらまくのではなく、東京のように儲かる都市に集中して、東京が儲けて地方に投資するのが経済的である。また複合施設には次のような発想がある。すなわち地球規模で活躍するエリートがヘッドオフィスに集中すると移動が頻繁になる。だから同じ施設にホテルや住宅を設ける。家族も住むから音楽や文化施設ばかりではなく、ショッピングなどの要求に応えなければならない。そうすれば「相当グレードの高い人」が来てくれるのだ（森一九八七）。ここにみられる発想には、後の東京都心の再開発の方向性を示唆するものがある。

アークヒルズは、次の時代の幕開けを象徴する再開発事業であった。この時期、バブル経済によって好景気が始まり、東京など都市部を中心に地価が上昇していく。東京の都心では「地上げ」が問題化した。そうした地価高騰を抑える意味もあって、一九八七年には土地臨調（土地対策検討委員会）が設置され、のち緊急土地対策要綱が決定した。さらに一九八九（平成元）年には土地基本法が制定され、土地の取引に対する一定の制約がうたわれた。他方、東京一極集中是正の観点から、首都機能の移転が議論されたのである。

†バブル崩壊から都市再生の現在へ

だが一九九〇年代に入って、バブル経済は陰りをみせた。東京都は世界都市博を含む臨海副都心開発事業の見直しを迫られ、急激な地価の下落は土地の取引を停滞させ、金融機関は不良債権を抱えていった。先には地価を抑えることを主眼に政府が土地政策を打ち出したが、今度は逆に、土地の利用を促進して地価を上げ、不良債権をいかに解消するかが、極めて重大な課題となった。

一九九七（平成九）年に入ると政府は、土地政策推進要綱を新たに制定し、地価抑制から有効利用をはかる総合的な土地利用計画整備を行うことになった。他方では土地や高層ビルの取引と投資の促進をはかるため、不動産証券化などが行われていった。

この時期、日本経済の停滞を克服し、国際都市間競争に打ち勝つため、金融システム改革などが試みられており、それとも連動しながら都市の再生が課題となっていったわけである。また国土政策の基調も、これまでのように東京一極集中を是正するという方向から、むしろ集中を促す方向への転換を求める声も大きくなった。

さらに二〇〇〇年代に入ると、構造改革を掲げた小泉政権と一九九九年に誕生した石原都政は、表裏一体の形で都市再生事業を進める。東京都のうちだした環状メガロポリス構想は、都内のいくつかの副都心を拠点に機能を分散的に配置しようとした従来の政策を転換させるものとなった。そして東京の都心のいくつかの場所を拠点に、都市再生緊急整備事業が展開され、用途や容積率の見直し、税制、金融上の支援が展開されていく。

このように、都市再開発とその前提をなす都市計画行政の一部が、経済対策の観点からなされるようになったのが、世紀転換期の特徴であろう。他方では、いわば社会都市の行き詰まりにより、企業都市への移行というところまではいかないまでも、都市行政が変容していくことは否定できない。

そして東京は、政府を中心とした都市再生事業にうまくコミットすることができたが、大阪市は脱工業化の過程で起きた経済的停滞を起動要因としながら、維新の会などの新しい政治的動きが展開したものと考えられよう。

こうして二〇〇〇年代には、東京の都心に超高層ビルが林立するようになる。特に都心三区（中央、千代田、港区）への集中はすさまじい。他方で江東区、品川区も含めタワーマンションが建設され、高度経済成長期に減少した昼間人口が回復してくる。

また東京に居住する外国人は、一九八〇年代半ばから増え始め、二〇〇〇年には三〇万六〇〇〇人、二〇一五年には四一万七〇〇〇人である。二〇一五年の時点で数のうえで最も外国人登録が多いのは新宿区であり、次いで江戸川区、足立区だという。新宿区では外国人登録人口は全体の一一％を占める。その他、豊島区、荒川区、港区、台東区が割合のうえで高い。これらの区域は、木造の賃貸アパートベルトが残る地域でもある（和田二〇一九）。

†都市再生は未来に何を残すか？

再開発の状況に戻ると、二〇〇三（平成一五）年に六本木ヒルズ、二〇一四年に虎ノ門ヒルズが森ビルの手によって完成した。その他、三井不動産などによる東京ミッドタウンも二〇〇七年に竣工した。そして丸の内のビル街は、丸ビルを含めて高層化が進み、東京駅の外堀通り側の八重洲では大規模な再開発が進行し、また大手町側の常盤橋には高さ三九〇メートル以上のビルも建設される予定である。東京都も国家戦

図27　東京駅前八重洲一丁目東Ｂ地区再開発事業、奥のビルは東京ミッドタウン八重洲（2022年7月）

略特区の活用によって、都心に金融系外国企業の拠点をつくろうとしている（図27）。

こうした東京都心への再開発の集中や、「国土の均衡ある発展」という、かつての国土政策のスローガンの衰退をみるにつけ、先に森泰吉郎が打ち出したような構想が、二一世紀の都市政策の方向を示していたとも解釈できる。

しかし考えてみれば、この四〇年ほどの大都市東京の歴史は、景気と地価の変動によって土地政策や都市再開発の動向が大きく規定されるというものであった。どのような街にしたいか、ということから中心区の都市再開発が進められるというより、経済政策の従属変数として街の大規模な改造が、場当たり的に行われているといってしまっては、都市計画や行政の担い手には失礼かもしれない。

だが、市区改正事業の際に芳川顕正《よしかわあきまさ》が述べた「道路橋梁及河川ハ本ナリ水道家屋下水ハ末ナリ」を、経済優先だと非難したことに対する反論のようなものが、都市計画や行政の担い手から返ってくるのだろうか。

これからも東京の都心には、人々が憧れるような空間的に「高いところ」が増えていくのだろう。そして今後はその高さが、経済的・社会的な格差と大きく連動していくことが予想される。続々と都心に誕生するレジデンスにも多くの人が住んでいるが、それが賃貸にせよ分譲にせよ、金額的に簡単に手が届くものではない。

歴史を振り返って東京を眺めてきた本書であるので、ここでもまた現在から過去に目を移しながら考えてみよう。一九三七（昭和一二）年に刊行された『君たちはどう生きるか』（吉野一九三七）は、主人公のコペル君が、銀座のデパートの屋上から霧雨の東京の街を眺めるシーンで始まる。

彼は銀行の重役であった父親を亡くし郊外に引っ越したが、中学校で勉強を続けている。当時としては中間層以上の階層であろう。叔父さんに連れられて上った銀座のデパートの屋上からは、ビルの群れ、虫のように小さい多くの車が走るようす、冬の海のような霧雨の街の姿などがみえる。

そこでコペル君がはたと気づいたのは、数えきれない屋根の下には、何十万という人間が生きているという当たり前のことであった。そして、どこかの商店のおそらく彼と同年代の小僧さんが、自動車にはねられそうになりながら、自転車を一生懸命こいで都心の道を走っていた。

当時、もし屋上からまわりの景色をみたとすれば、約三一メートルの高さからだったであろう。二一世紀の今、それよりもはるか高い場所から東京の街を眺めたとき、私たちにはいったい何がみえるのだろうか。

エピローグ　東京を通してみた近現代

†近代の工業化と貧困への対応

本書では七つの章を立て、各章ごとに一つのまとまった歴史として、近現代の東京のさまざまな面を描いてきた。しかしながら、歴史は森羅万象がひしめきあって全体をつくっているのであるから、七つの章の垣根を取っ払って全体をみておくことも必要だ。もちろん全体といっても、すでに捨象された膨大な数の出来事の存在を前提としたうえでの全体でしかないのだが。

一般に歴史叙述の際には、政治史がその基調に置かれることが多い。本書ではそうした叙述は敢えて避けてきたが、このエピローグで通史的に組み立てなおすにあたっては、その方法に従っておきたい。

明治維新後に誕生した帝都東京は、市区改正事業による中心部の整備により、近代都市としての形をつくっていった。そこには、工業化の促進を課題とした強力な国家の力があったのはいうまでもない。近代の権力は、非常に大きな力で空間を改造した。この市区改正事業もそうだし、以後の震災復興事業もそうである。

そして自治体としての東京市をみてみると、明治国家から東京市がどのように自治権を獲得し、また政党を中心とした政治が根付いていくのかが重要である。市制特例とその撤廃、そして政党の力が伸びるなかで、市会は市行政に対して影響力を強めた。さらに制限選挙の時代から、普通選挙によって政治参加が拡大していく時期は、同時に政党活動の役割が増大する時代であった。にもかかわらず昭和初期には大規模な市会疑獄が発生し、市民からの批判にさらされていく。

次に産業の歴史的・空間的な発展についてみておく。近代東京は工業都市であった。そうしたあり方は高度経済成長の後まで続いた。まず殖産興業の時代から大正期にかけて農工業の発展にとっては、博覧会が一定の役割を果たした。そこで示された技術が、実際に各産業に普及していく過程がさらに重要であろう。またこれがイヴェントとしての役割を果たしていたことも、これまで指摘されてきた。

日本における資本主義の発展において重要な役割を果たした綿紡績などが展開するなか、東京市とその周辺にも多くの工場が立ち並んでいく。例えば鐘ヶ淵紡績などである。それらは広い土地を求めて市の周辺や外側に展開していった。また、そのような大規模な工場だけでなく、東京には中小の工場もつくられていった。

都市には多くの人々が集まってくる。時代をさかのぼってみると、近世の江戸からすでにそうであり、近代に入ってからも東京には多くの人が集まった。近代の産業革命後にその傾向はいっそう強まる。また紡績業においては、労働力として多くの女性が東京に集まっていく。とはいえ都市に出てくる住民の多くが、工場労働者として雇用されていくわけではない。男性の場合、大多数の人々は土木・力役《りきえき》労働、零細な商工業や雑業によって日々の生活を維持した。そして都市の過剰人口をどうするかは大問題であった。貧困は、このように常に社会の問題なのである。

また近代初期においては、都市改造は貧者を排除する側面もあった。だが、一方的に排除するのではなく、労働力として位置づけて功利主義的な観点から共存をはかることも構想された。そして、都市下層民が生活する「スラム」は可視化され、のちに行政もそれへの対応が必要だと考えるようになる。

だが明治国家は、極めて慈恵的な救貧政策しかとっておらず、労働者に対しても工場法などを制定して一定の保護を行おうとしたが、不十分なままであった。とはいえ、都市においては次第に社会政策の必要性が高まっていく。

第一次世界大戦は、工業化のさらなる進展と雇用の促進、労働者の賃金上昇などをもたらした面があった。そこで発生した一九一八（大正七）年の米騒動は、行政に中間層を含めた防貧政策の必要を認識させることになる。実際、大都市の行政は、人々の生活を維持させるための施設を拡充していく。

その点で、東京と同じく近代の工業を牽引した大阪市は、特に関一市政のもとで、独自の都市経営による社会事業を展開していった。同時に、有産者の秩序を前提とした市会（代議機関）に対して、市の行政が優位に立ちながら政策を展開した。東京市では市会の力は相対的に強かったものの、やはり行政が無産者に対する社会政策を積極的に行った。その意味で、社会都市の成立を第一次世界大戦後の日本にも見出すことができるのではないかと思われる。

東京の都市インフラなどの形成をみた場合、一九二三年の関東大震災は自然災害であったにもかかわらず、社会的・歴史的にも重要な出来事であった。その前の時代である一九一〇（明治四三）年の大水害などにより、荒川放水路の開削が必要となり、結果的に東京市とその東側の地域を地理的に変えることになった。そして都心の姿を変える契機となる震災が起こったのは、市区改正事業が一段落し、近代的な都市計画行政が本格的に整備されようとしていた時期でもあった。

震災復興事業は、区画整理、道路敷設などを大規模に行い、都心の姿を変えていく。またちょうどこの時期は、旧市域の外側、特に西郊に住宅地ができ、発展を始めていた。震災はそうした傾向をいっそう進めるものであった。

また震災の際に発生した朝鮮人虐殺事件は、朝鮮の植民地化以来、労働の場を東京などの都市部に求めてきた朝鮮人の姿を浮かび上がらせた。また東京の地域住民組織のあり方や、その排他性も示すことになったのである。

†帝都の復興とさらなる破壊

先に市会疑獄で自治への批判が強まっていたことを述べたが、政党を中心とした政治は、国政レベルでは一九三二(昭和七)年の五・一五事件で終焉する。帝国議会や市会では政党の力はまだまだ強固だったが、選挙粛正という形で、上からの選挙民への啓発と選挙運動の取り締まりが行われていた。また東京市からは自治の維持が求められたが、内務省は統制を強化しようと考えていた。一九四三年の東京都制の実現は、官のイニシアティブで進められたといってよい。

「モダン都市」といわれるような、銀座などのきらびやかな街のようすは、帝都復興の過程でき上がっていった。また一九三〇年前後の時期、行政担当者などを主体として意識的に「都市美」を掲げた啓発運動も行われた。

だが昭和初期の不況とのちに発生した恐慌で、農村が疲弊しただけではなく都市にも失業者があふれた。工場の集中する東京にも数多くの労働争議が発生した。

また第一次世界大戦期の好景気のなかで、地位向上を果たしたであろう都市下層の人々であったが、豊田正子の家庭の事例からもわかる通り、一九三〇年頃の経済の停滞は深刻な生活難をもたらした。豊田の父親のように、東京には復興に伴う需要があり、そのために経営的な上昇をはかったが、震災復興事業が終了すると仕事が激減したのである。

昭和恐慌期には、特に農村での若い女性の「身売り」が社会問題化したが、売春はもちろんこの時期だけの問題ではなかった。「モダン」や「繁華街」といった、華やかなトピックに隠れてはいるが、それと表裏一体をなして存在した深刻なテーマであり続けた。そして戦後の売春防止法制定によっても、完全に解決されてはいない。

日中戦争と太平洋戦争が都市社会や行政に与えた影響については本書ではあまりふれなかったが、東京市でも戦時社会政策が厚生事業・厚生運動という形をとって展開した。

これらは国防目的が前面に出ていたが、従来の貧困を含む社会問題への対応という面があった。また都市計画の文脈で位置づけられた緑地計画は、以前の都市空間的な発展と制御という目的から、防空目的に読み替えられながら、緑地整備の具体化を行った。こうして整備された緑地は、現在も公園として利用されている。

また戦争が長期化するなか、行政は町内会など地域住民組織の整備や、生活必需品の配給などを通じて、人々の生活に深く介入していった。東京都の発足は、一九四三年七月という太平洋戦争が日本に不利な方向に向かっていく時期にあたっていた。

そして、一九四四年末から翌年にかけて東京への空襲が繰り返し行われた。一九四五年三月九日から一〇日にかけての有名な大空襲だけではなく、多くの空襲が行われ、都心のみならず東京の多くの場所が焼き払われた。震災に次いで、またもや東京の都心は大きく破壊されたのである。

†敗戦から高度経済成長期の社会と政治

とはいえ都心には、周囲が焼け野原となったにもかかわらず、ほとんど空襲による損傷を受けずに残った区画があり、現在でも一部ではその時代の面影を偲《しの》ぶことが可能である。これは震災復興事業の成果ともいえるだろう。

一九四五（昭和二〇）年八月の敗戦後、戦災にあった地域の復興と、住宅や家族を失った人々への施策が課題となった。親を亡くした子供たちは戦争孤児として生き、またそれ以外の多くの人々も貧しい生活を余儀なくされていた。敗戦後の東京都の行政は、これらの人々への対応や住宅の復旧、そして戦争で生じた瓦礫の処理などに忙殺された。

こうした戦災の混乱のなかでも、街は確実に復興を遂げていた。敗戦後に駅前などで生活必需品を販売したヤミ市は、GHQの政策で整理の対象となるが、人々の衣食への需要を支え、またその後の街の形成にも大きな意味をもつ。

一九五五年というのは、敗戦から一〇年が経過した頃だが、ようやく戦災からの立ち直りを成し遂げ、かつ新たな経済成長の始まりをみせる時期でもあった。政治史の面では、五五年体制といわれる自民党と社会党の政権交代なき二大政党制が始まった。東京には人口と経済管理機能が集中した。経済も活性化し、人々の消費も進んだ。テレビ電波塔としての東京タワーが建設されたのは一九五八年のことであった。

工業都市東京も、敗戦後になおいっそうの発展をみせた。戦前からの連続を示す工業地帯のみならず、戦時期の軍需工業が敗戦後に転換し、定着していった地域も少なくない。東京二三区、特に隅田川の東側には多くの工場が立ち並んだ。またのちの時代の中心となる大田区の工業地帯も発展した。

ともかく商工業とも、多くの若年労働力が必要な時代であった。集団就職で上京し、定住した人々も多かった。また、さまざまな建設事業を支える労働者も必要だった。だが彼らのなかには、山谷などに生活の拠点を見出して、事業が終了すれば仕事にあぶれるという、極めて不安定な生活を営む者が多かった。

そして戦災による住宅不足は、まだまだ十分に解決されなかった。この時期は、多くの木造賃貸アパートが建てられていった。東京オリンピック誘致が決まり、それにあわせて道路建設など東京の改造が進むが、人々の生活基盤の整備は立ち遅れていた。下水道の普及もなかなか進まず、屎尿処理も大きな問題であった。東京市は大正中期から、屎尿処理に本格的に取り組むようになる。高度経済成長期も、下水道、屎尿処理さらにゴミ処理などは、都政の大きな課題として残されていたのである。

戦後、安井誠一郎、東龍太郎の保守都政が続き、復興とオリンピック誘致に大きな役割を果たしたことは事実である。そして第一次世界大戦後に成立した社会都市の枠組は、第二次大戦後も続いたといえるだろう。もちろん議会制と政党制の新たな発展のもとにおいてである。だがオリンピック前後の東京都の行政は、人口の急激な流入や交通量の激増などがもたらした都市問題に十分に対応することができなかった。また都議会では大規模な汚職事件が発生し、都議会解散に至った。これらを背景に、一九六七年には社会党・共産党に推された美濃部亮吉が都知事に当選したのである。

戦後における保守、革新の対立構図があるものの、美濃部都政は、社会都市の一つの帰結といってよいかもしれない。国家レベルでは、西欧的社会民主主義主導ではなく、官僚主導による戦後福祉国家のもと、階級間・階層間の格差是正よりも、工業誘致や補助金配分による地域間・職種間の格差是正が重視されていた（金子一九九六）。一九六〇〜七〇年代には、工業化のさらなる進展と輸出の拡大によって経済成長がもたらされたが、都市問題の噴出、公害などが深刻化していった。

一二年間の革新都政は、福祉や高度経済成長の歪《ひず》みへの対応に力を入れたが、この時期の都政も経済成長を前提として施策を展開していた。そのことは経済成長の鈍化による、都財政の逼迫という形ではっきりとあらわれていく。

†ポスト高度経済成長の都市空間

都財政の立て直しを掲げ一九七九（昭和五四）年に誕生した鈴木俊一都政は、それに成功し、また戦後東京に住むようになった人々にも「ふるさと」という意識をもたせるべく「マイタウン構想」を打ち出した。一九八〇年代において政府は、国債累積を念頭に置いた公共事業の見直しと、対米貿易黒字解消のための内需拡大の必要性から、民間活力を利用した都市再開発を進めようとした。

すでに再開発のための法的整備は一九六〇年代末から一九七〇年代にかけて行われていたが、事業として本格的に始まるのは一九八〇年代であった。一九七〇年代においては、

「国土の均衡ある発展」の観点から地方に移転された工場跡地の大規模な再開発が行われたが、あくまでも防災的観点と社会都市的な意味合いをもつ整備が中心であった。

鈴木都政は、むしろ民間の力を利用し、かつ先のように東京を舞台に都市再開発を進めようとした中曽根康弘政権の動きを牽制しつつ、臨海副都心開発を促進していった点でも美濃部時代とは対照的であった。

一九八〇年代には、本論では取り上げられなかったが、雑誌「谷根千《やねせん》」(谷中、根津、千駄木《せんだぎ》から一文字ずつとった)のように、失われつつある東京の街並みを残していく市民の活動も盛んになり(森二〇〇二)、また近代の都市の記憶を、さまざまな形で残す試みが行われていた。

アメリカの日本史研究者であるジョルダン・サンドは、それらの営為を時代状況に位置づけ、かつ思想史的な意味づけを行っている(サンド二〇二一)。また東京都による江戸東京博物館建設も、先の「ふるさと」意識の涵養の側面があると同時に、急激な東京の変貌のなかでその遺産を後世に伝える試みであった。ちょうど一九八〇年代後半は、バブル経済に至る景気の上昇のなかで、地価が高騰し「地上げ」などが社会問題化することにもなった。

だが一九九〇年代に入るとバブルの崩壊により都財政が悪化し、臨海副都心開発を見直すべきという声が高まった。また地価の下落と金融機関の不良債権の累積という事態が生まれた。地価は必ず上昇するという時代は終わったのである。

さらにこのポスト・バブルの時代は、グローバル化と脱工業化が進行する時期でもあった。東京の工場は、この前の時代に工業等制限法などによって地方への移転が進んでいたが、それらの工場はさらに海外にも流出していった。高度経済成長期には中間層が増加したが、この時期むしろ中間層の分解が始まった。

一九七〇年代から八〇年代においては、東京一極集中を是正することが国土政策や首都圏政策の基調であった。しかし一九九〇年代後半には、東京への集中をむしろ促進し、また都市再開発をこれまでにない規模で進めて、地価の回復と不良債権解消、さらに建設事業の需要創出を行うことが政策の目標となった。特に二〇〇〇年代に入って都心の再開発は猛烈な勢いとなった。以上の時期の都市再開発は、都市空間の計画的整備という観点よりも、むしろ経済対策の一環として行われていったといっても過言ではないだろう。

またタワーマンションの建設などによって、都心区の人口は数のうえで回復していった。ここでは、森ビルのように時間をかけて住宅地の再開発を成し遂げたデベロッパーが、都市再生事業を中心とした国の施策の中心に躍り出て、政府、東京都とともにさらなる東京一極集中の担い手になっていった。

かつて工業地帯が展開した現在の江東区などには、物資の輸送などに使用された河川も多く存在し、しばしば水害をもたらした。のちに、それらの河川は整備が進められていく。また工場の跡地は高層住宅や公園、あるいはショッピングモールとなり、河川に沿ってきれいな散歩道が続いている。

話を都市行政に戻すと、一九九〇年代後半から二〇〇〇年代にかけて、つまり石原慎太郎による都政運営が展開していく時期には、都市行政が経営の論理を強めていった。社会都市としての性格が完全になくなり、企業都市とでもいうべきものに移行したとまではいえないものの、従来の都市行政のあり方は変容を余儀なくされたといえるだろう。

そしてまさに同時期、大阪市は脱工業化の進行のなか、都市再開発政策など次の時代における経済成長の契機を見出せない状態が存在した。それを背景として、二一世紀に入ると大阪市で従来の都市行政のあり方を批判し、独自の政治的リーダーシップにより、その改革を主張する政治勢力が台頭することになった。第一次世界大戦期における工業化のさらなる進展のなかで、都市経営と社会都市の一つのスタイルを打ち出した大阪市は、また新たな都市行政の類型をつくることができるのだろうか。

東京一極集中が再び進展するなかで、東京以外の地域の人口減や産業の衰退と、東京との格差の拡大が進んでいくこととなった。また東京においても地域間・住民階層間の格差の拡大が問題化し、そして産業構造転換と合理化のなかでの雇用のあり方の変化などが顕著となり、社会にさまざまな歪《ひず》みをもたらしているというのが現状であろう。まさに「階級都市」と呼ぶことのできる社会の実態がある。

そして都市の景観の変化と、都市社会の変貌を関連付けてみると、「高いところ」とは脱工業化のシンボルであり、またもしかしたら同時に格差拡大、資本の都市行政に対する優位をも、象徴するものにもなり得るのではないかと思う。

†東京史に残された課題

筆者には、こうした現状に対して処方箋を提示する能力はないし、それは東京史という、巨大都市の過去の姿を解釈して叙述するという本書の目的でもない。だが都市の歴史学的検討が、現状の問題を考えるために何がしかの貢献をすべきだとすれば、まず次のような作業を進めたいと考える。

高度経済成長期の一九六〇年代、七〇年代に、その後の都市史研究にも影響を与えた学際的な都市研究が始まった。本書でふれた石塚裕道、石田頼房《いしだよりふさ》などの研究者は、経済成長期における東京の都市問題、交通、福祉、公害、災害対策などへの対応を考える基礎的な作業として、広い意味で歴史学的な手法を採用した。

そして一九〇〇（明治三三）年前後の、資本主義形成期の東京における工業化の進展と、そこでの労働のあり方、住民生活の具体像を明らかにした。また都市計画行政の視点から、都市インフラの整備と社会との関係を論じた。それらは工業化という意味で連続性をもった高度経済成長期から低成長期の、都市問題への取り組みの前提をなす都市像・都市社会像を提供したのである。その意味で、現実的な課題との緊張関係から生まれた研究成果だったといえよう。

もし筆者が歴史学というハイテクとはいえない道具で、現状の問題に何がしかの考察をするのであれば、先学と同じ方法をとるであろう。

石塚らが工業化の始点にさかのぼって都市の分析をした例にならって、脱工業化の始点から現在に至る経済・社会構造や都市政策を考察の対象にすること、これである。そうなると、工業化が減速し始め、それに代わって情報・知識や都市の一部の空間それ自体が資本蓄積の手段となる過程を取り上げることになるだろう。そこで都市行政は、これらの資本蓄積をいかに後押しするのか、また変容する都市社会にどのように対応するのだろうか。

以上は筆者自身が、部分的に手をつけ始めた研究領域であり、まだまだ模索の段階でしかない。とはいえ本書も、以上の課題について今の時点で自分の考えていることを、生煮えのままではあるが提示しようとしたものだとご理解いただきたい。読者の忌憚《きたん》なき批判をお願いして筆をおく。

あとがき

歴史学者は、史実を掘り起こして過去に起きたことを確定し、意味付けをすることが仕事である。もちろんそれはそうなのだが、筆者は現在に近い時代についても、仮のものでもよいので歴史的な変化を叙述しておきたいと常々思っている。なので、同業者にはあまりよく思われないことはわかっているが、現在に近いところまで書いたりする。将来、関係する史料が出てきて自分の歴史像が修正されるのであればそれでよいと思う。今回も、そのような思いで東京史を描いた。

本書を書くにあたっては、首都大学東京、東京都立大学でこの三〇年近く行ってきた授業の準備や、学生、院生あるいは社会人の聴講生との議論の存在が大きかったことを述べておきたい。

考えてみれば、卒業論文で東京や都市に関わる題材を選び、水準の高い論文を書いた卒業生も少なくない。なになについて書きたいと学生にいわれると、こちらも勉強する。

その繰り返しがあったから今回のように、東京をめぐるいろいろなトピックについて、書いてみようという気になったのだと思う。

また大学院で学んでいる院生、そして過去に在籍し現在は第一線で活躍している研究者にも、本書の草稿段階でいろいろと意見を寄せてもらった。これは大変有益であった。なお、東京以外の都市史研究の成果を、今回の書物では一部を除き活用できなかったが、これは今後の課題とさせていただきたい。さらに、当然ふれなければならない研究に言及していないなど不十分な点があるかもしれない。その点、ご指摘いただきたい。

＊

ちくま新書編集部の山本拓さんは、このテーマでの執筆を持ちかけて下さり、その後定期的に、やんわりと催促をして下さった。個人的には学内の仕事で忙しくなって、自分が思い描いていた研究を計画的に進めるのがなかなか難しくなってきた。とはいえ、この宿題を提出してほっとしているし、これからこんな研究をしたいという夢を捨てる気はない。

執筆にあたってお世話になったすべての方に、あつく御礼申し上げたい。

二〇二三年三月

筆者

東京史関連年表

年	元号	出来事
一八六八	明治元	新政府軍が江戸を制圧。江戸が東京となる。築地に居留地が置かれる。
一八七一	明治四	廃藩置県。
一八七二	明治五	多摩を神奈川県に移管。芸娼妓解放令。横浜・新橋間の鉄道開通。
一八七七	明治一〇	西南戦争。このころ銀座煉瓦街が整備。第一回内国勧業博覧会。
一八七八	明治一一	郡区町村編制法、東京府に一五区・六郡発足。
一八八四	明治一七	内務省に東京市区改正審査会を設置。
一八八八	明治二一	市制・町村制公布。東京市区改正条例公布。
一八八九	明治二二	大日本帝国憲法発布。東京市誕生（市制特例により市長を置かず）。
一八九〇	明治二三	浅草に凌雲閣（十二階）建設。
一八九三	明治二六	神奈川県に属していた北・南・西の三多摩を東京府に編入。
一八九四	明治二七	日清戦争開始。
一八九六	明治二九	東多摩郡と南豊島郡が合併、豊多摩郡となる。
一八九八	明治三一	市制特例廃止。
一八九九	明治三二	横山源之助『日本之下層社会』刊行。

一九〇三	明治三六	東京市で市街電車開通。
一九〇四	明治三七	日露戦争開始。三越呉服店（百貨店）開業。
一九〇五	明治三八	ポーツマス講和会議。九月に日比谷焼打事件起こる。
一九〇六	明治三九	夏目漱石『坊っちゃん』発表。
一九一〇	明治四三	韓国併合。大逆事件。大水害が発生し、関東地方で大きな被害が出る。
一九一一	明治四四	荒川放水路の開削決定（一九三〇年完成）。
一九一二	明治四五	明治天皇死去、大正と改元（七月）。
一九一四	大正三	日本、第一次世界大戦に参戦。
一九一七	大正六	八王子市誕生。
一九一八	大正七	米騒動発生。原敬内閣誕生。このころ東京市で屎尿の処理が問題化。
一九一九	大正八	パリ講和会議開始。三・一独立運動。都市計画法制定。東京市社会局設置。
一九二二	大正一一	ワシントン海軍軍縮条約など調印。東京市政調査会創立。
一九二三	大正一二	丸ビル竣工。関東大震災。
一九二四	大正一三	護憲三派内閣誕生。市バス運転開始。
一九二五	大正一四	治安維持法公布。男子普通選挙法公布。
一九二六	大正一五	大正天皇死去、昭和と改元（一二月）。

一九二七	昭和二	金融恐慌発生。地下鉄開通（上野・浅草間）。
一九二八	昭和三	最初の男子普通選挙実施。張作霖爆殺事件。東京市会疑獄事件発生。
一九二九	昭和四	世界恐慌起こる。市会選挙（疑獄による解散を受けて）。
一九三〇	昭和五	ロンドン海軍軍縮条約調印。帝都復興祭。東洋モスリン亀戸工場で争議発生。川端康成『浅草紅団』刊行。
一九三一	昭和六	満洲事変。
一九三二	昭和七	五・一五事件、政党内閣倒れる。東京市域拡張。豊田正子が綴方を書き始める。
一九三三	昭和八	ヒトラー政権誕生。日本、国際連盟脱退。
一九三五	昭和一〇	天皇機関説排撃。この年より選挙粛正運動実施。
一九三六	昭和一一	二・二六事件。ベルリンオリンピック開催。日独防共協定成立。永井荷風、『濹東綺譚』を書く。
一九三七	昭和一二	日中戦争開始。吉野源三郎『君たちはどう生きるか』刊行。
一九三八	昭和一三	国家総動員法制定。東京市で町内会整備開始。映画「綴方教室」公開。
一九三九	昭和一四	第二次世界大戦開始。
一九四〇	昭和一五	日独伊三国同盟締結。大政翼賛会結成。内務省が町内会・隣組整備。紀元二千六百年奉祝行事。
一九四一	昭和一六	米の購入に通帳を導入。東京港（京浜港）開港。太平洋戦争開始。

一九四二	昭和一七	東京への初空襲。ミッドウェー海戦。
一九四三	昭和一八	ガダルカナル撤退。東京都が誕生。
一九四四	昭和一九	サイパン島陥落。学童集団疎開開始。B29による空襲が開始。
一九四五	昭和二〇	東京大空襲(三月)。広島・長崎に原爆投下。日本、無条件降伏。GHQの五大改革指令。
一九四六	昭和二一	公職追放。第二次農地改革。日本国憲法公布(翌年施行)。
一九四七	昭和二二	二二区が発足(のち二三区)。都長官に安井誠一郎当選(のち知事)。カスリーン台風。
一九四八	昭和二三	GHQ、経済安定九原則発表。
一九五〇	昭和二五	朝鮮戦争開始。警察予備隊結成。首都建設法。
一九五一	昭和二六	東京で常設の露店がなくなる。
一九五二	昭和二七	講和条約・安保条約発効。
一九五三	昭和二八	テレビの本放送開始。映画「東京物語」公開。
一九五四	昭和二九	自衛隊発足。
一九五五	昭和三〇	社会党統一。自由民主党結成。このころ高度経済成長が開始。
一九五六	昭和三一	日本住宅公団の団地募集開始。首都圏整備法。売春防止法。
一九五七	昭和三二	「夢の島」へのゴミ埋立を開始する。
一九五八	昭和三三	東京タワー完成。

一九五九	昭和三四	都知事に東龍太郎当選。
一九六〇	昭和三五	新安保条約成立。池田勇人内閣、所得倍増計画決定。
一九六二	昭和三七	東京都の人口が一〇〇〇万人を超える。
一九六三	昭和三八	映画「下町の太陽」公開。
一九六四	昭和三九	東京オリンピック開催。首都高速道路1号線開通。東海道新幹線開通。
一九六五	昭和四〇	ベトナム戦争での北爆開始。都議会で汚職、特例法で解散。日韓基本条約。
一九六六	昭和四一	多摩ニュータウン開発が始まる。
一九六七	昭和四二	美濃部亮吉都政開始。
一九六八	昭和四三	霞が関ビル竣工。小笠原諸島が日本に復帰。この年、GNP世界第二位。
一九六九	昭和四四	東大安田講堂の攻防戦。米アポロ一一号が月面着陸。映画「男はつらいよ」第一作公開。
一九七〇	昭和四五	大阪万博。都内で光化学スモッグ被害。
一九七一	昭和四六	沖縄返還協定調印。新宿副都心に京王プラザホテル建設。
一九七二	昭和四七	「日本列島改造論」発表。この年までに荒川線を除く都電が廃止。
一九七三	昭和四八	ベトナム和平協定。オイルショック。
一九七四	昭和四九	特別区区長公選法制化。
一九七五	昭和五〇	第一回先進国首脳会議（サミット）開催。

一九七六	昭和五一	ロッキード事件で田中角栄前首相が逮捕。
一九七七	昭和五二	米軍立川基地、全面返還。
一九七八	昭和五三	日中平和友好条約調印。日米防衛協力のための指針決定。
一九七九	昭和五四	英サッチャー政権誕生。ソ連がアフガン侵攻。鈴木俊一都政誕生。
一九八〇	昭和五五	米レーガン政権誕生。
一九八一	昭和五六	第二次臨時行政調査会第一次答申発表。マイタウン構想発表。
一九八二	昭和五七	中曽根康弘内閣誕生。
一九八四	昭和五九	臨時教育審議会発足。
一九八五	昭和六〇	NTT発足。
一九八六	昭和六一	ソ連、チェルノブイリで原発事故。アークヒルズ竣工。
一九八七	昭和六二	ブラックマンデー（世界的な株の暴落）。四全総制定。JR発足。東京の地価が大幅高騰。臨海部副都心開発基本構想決定。
一九八八	昭和六三	リクルート事件発覚。
一九八九	平成元	昭和天皇死去、平成と改元。中国、天安門事件。消費税導入。土地基本法制定。株価のピーク。
一九九〇	平成二	イラク軍がクウェートを制圧。ドイツ統一。地価のピーク（翌年から下落）。
一九九一	平成三	湾岸戦争開始。ソ連解体。都庁が新宿に移転。都議会で臨海副都心開発への批判。

一九九二	平成四	PKO協力法案成立。
一九九三	平成五	細川護熙内閣誕生、五五年体制の終焉。江戸東京博物館開館。
一九九五	平成七	阪神・淡路大震災。地下鉄サリン事件。青島幸男都政開始。世界都市博中止決定。
一九九七	平成九	橋本龍太郎内閣、行財政、社会保障、金融などの改革をうたう。この年、二三年ぶりのマイナス成長となる。
一九九八	平成一〇	政府、経済戦略会議設置決定。
一九九九	平成一一	第五次首都圏基本計画。石原慎太郎都政開始。
二〇〇〇	平成一二	三宅島で噴火、全島からの避難命令。
二〇〇一	平成一三	小泉純一郎内閣誕生。政府、構造改革に関する基本方針発表。九・一一同時多発テロ。米、アフガン空爆開始。
二〇〇二	平成一四	都市再生特別措置法制定。
二〇〇三	平成一五	米英軍、イラク攻撃開始。六本木ヒルズ開業。
二〇〇五	平成一七	郵政民営化法案成立。
二〇〇六	平成一八	教育基本法改正。
二〇〇七	平成一九	東京ミッドタウン竣工。
二〇〇八	平成二〇	リーマン・ショック。
二〇〇九	平成二一	民主党政権誕生。

二〇一一	平成二三	東日本大震災発生。
二〇一二	平成二四	第二次安倍晋三内閣誕生。東京スカイツリー開業。猪瀬直樹都政開始。
二〇一三	平成二五	政府・日銀によるインフレターゲット開始。
二〇一四	平成二六	舛添要一都政開始。
二〇一五	平成二七	安全保障関連法案成立。
二〇一六	平成二八	小池百合子都政開始。
二〇一八	平成三〇	築地の中央卸売市場が豊洲に移転。
二〇二〇	令和二	COVID-19が世界的に広がる。
二〇二一	令和三	東京オリンピック開催。

＊『日本史年表　第五版』(岩波書店、二〇一七年)、石塚裕道・成田龍一『東京都の百年』(山川出版社、一九八六年)、源川真希『東京市政』(日本経済評論社、二〇〇七年)などから作成。

参考文献

プロローグ

橋本健二『階級都市——格差が街を侵食する』ちくま新書、二〇一一年
原田敬一『日本近代都市史研究』思文閣出版、一九九七年
小路田泰直『日本近代都市史研究序説』柏書房、一九九一年
芝村篤樹『関一——都市思想のパイオニア』松籟社、一九八九年
櫻井良樹『帝都東京の近代政治史——市政運営と地域政治』日本経済評論社、二〇〇三年
杉本弘幸『近代日本の都市社会政策とマイノリティ——歴史都市の社会史』思文閣出版、二〇一五年

第1章

保谷徹『戦争の日本史18　戊辰戦争』吉川弘文館、二〇〇七年
淺川道夫「戊辰・上野戦争の戦史的考察」『軍事史学』二二三号、第五六巻三号、二〇二〇年
淺川道夫「戦跡探訪　上野戦争と彰義隊の戦跡」同上

小林安茂『東京公園文庫5　上野公園』郷学舎、一九八〇年
藤森照信『明治の東京計画』岩波書店、一九九〇年、原著一九八二年
石田頼房『日本近現代都市計画の展開1868-2003』自治体研究社、二〇〇四年
「「高輪築堤」について」港区教育委員会 https://www.minato-rekishi.com/pdf/tikutei_07.pdf、二〇二三年一月三〇日最終閲覧（以下のウェブサイトについても同じ）
河野有理『田口卯吉の夢』慶應義塾大学出版会、二〇一三年
『東京百年史』第三巻、東京都、一九七二年
『荒川下流誌　本編』リバーフロント整備センター、二〇〇五年
越沢明『東京の都市計画』岩波新書、一九九一年a
進士五十八「井下清と公園経営」『都市公園』一八三、二〇〇八年一二月
井下清「都市と公園」一九二一年、前島康彦編『井下清著作集　都市と緑』東京都公園協会、一九七三年
井下清「公設の児童公園」一九二〇年、同上
井下清「小公園より児童遊園へ」一九二八年、同上
井下清「公園とルンペン」一九三二年、同上
井下清「百年後に公園はなくなる」一九二八年、同上
石居人也「『死』をめぐる都市装置」鈴木勇一郎・高嶋修一・松本洋幸編著『近代都市の装置と統治――1910～30年代』日本経済評論社、二〇一三年

本間義彬「近代都市葬務行政に関する一考察――東京市営瑞江葬儀所設置過程を中心に」東京都立大学人文学部卒業論文〈二〇〇六年度〉、要旨『地方史研究』三二七、第五七巻第三号、二〇〇七年六月
東京都建設局公園緑地部『東京の公園百年』東京都、一九七五年
真田純子「東京緑地計画における環状緑地帯の計画作成過程とその位置づけに関する研究」日本都市計画学会『都市計画論文集』38-3、二〇〇三年
越沢明『東京都市計画物語』日本経済評論社、一九九一年b、ちくま学芸文庫、二〇〇一年
石内展行『東京公園文庫13　砧緑地（砧ファミリーパーク）』郷学舎、一九八一年
沼尻晃伸『工場立地と都市計画――日本都市形成の特質1905-1954』東京大学出版会、二〇〇二年
青木哲夫「空襲対策としての防火改修」政治経済研究所『政経研究』第一一七号、二〇二一年一二月
有賀禄郎編『日本橋横山町馬喰町史』横山町馬喰町問屋連盟、一九五二年
東京都都市計画局『東京の都市計画百年』東京都、一九八九年
渋谷学研究会（國學院大學研究開発推進センター）・上山和雄編『渋谷聞きがたり2「しぶちか」を語る――戦後・渋谷の復興と渋谷地下商店街』國學院大學、二〇一四年
吉田律人「資料よもやま話　能登半島に残る『横浜』――銭湯経営者の寄進物調査」『開港のひろば』第一四九号、横浜開港資料館、二〇二〇年一〇月a

吉田律人「近代浴場業者の人的ネットワーク――新潟県西蒲原郡の神社調査を中心に」『國學院大学研究開発推進センター紀要』第一四号、二〇二〇年三月b
渡邊大志『東京臨海論――港からみた都市構造史』東京大学出版会、二〇一七年
『絵葉書で見る江東百景　臨海地の記憶』江東区、二〇二〇年
豊田正子「海水浴」『粘土のお面』中央公論社、一九四一年
「防災都市づくり推進計画」東京都都市整備局　https://www.toshiseibi.metro.tokyo.lg.jp/bosai/bosai4.htm

第2章

「大坂遷都の建白書」『大久保利通文書』第二巻、日本史籍協会、一九二七年
小木新造『東京時代――江戸と東京の間で』講談社学術文庫、二〇〇六年、原著一九八〇年
『東京百年史』第二巻、東京都、一九七二年
梅田定宏「首都東京の拡大」中野隆生編『都市空間の社会史　日本とフランス』山川出版社、二〇〇四年
「公文別録」巡察記、明治十六年、第二巻、一八八三年、ＪＡＣＡＲアジア歴史資料センター、Ref.A03022992550
「内務省東京市区ヲ改正センコトヲ請フ批シテ之ヲ許シ更ニ委員四名ヲ撰ヒ之ヲ稟告セシム」一八八四年、Ref.A15110978300

「第五回内国勧業博覧会ニ関スルノ件」東京市参事会東京市長松田秀雄呈出、一八九九年、Ref.A14080620200
高嶋修一『都市鉄道の技術社会史』山川出版社、二〇一九年
小池滋『「坊っちゃん」はなぜ市電の技術者になったか――日本文学の中の鉄道をめぐる8つの謎』早川書房、二〇〇一年
『東京百年史』第五巻、東京都、一九七二年
田所祐史「一九〇六年の電車賃値上反対運動再考」櫻井良樹編『地域政治と近代日本――関東各府県における歴史的展開』日本経済評論社、一九九八年
能川泰治「日露戦時期の都市社会」『歴史評論』第五六三号、一九九七年三月
『多摩広域行政史』財団法人東京市町村自治調査会、二〇〇二年
『新八王子市史』通史編5、近現代、上、八王子市、二〇一六年
『東京百年史』第六巻、東京都、一九七二年
「町村制ヲ施行セサル島嶼指定ノ件」一八八九年、Ref.A03020033500
「沖縄県及島嶼町村制」一九〇七年、Ref.A03020706100
「小笠原島南々西ニ散在スル三島嶼ノ所属及名称ヲ定ム」一八九一年、Ref.A03020112200
「硫黄島ノ所属及名称ヲ公布セラレタルニ付農商務省ノ疑義ニ答フ」一八九一年、Ref.A15112383900
「小笠原諸島」『日本歴史大事典』平凡社、一九九四年

『東京都　大島町史』大島町、二〇〇〇年
松本洋幸「『首都圏計画』の変遷――一九五〇年代まで」首都圏形成史研究会編『年報　首都圏史研究二〇一五』二〇一五年
「首都圏基本計画の経緯」国土交通省ウェブサイト　https://www.mlit.go.jp/common/001116833.pdf
『都民と都政の歩み――東京20年』東京都、一九六五年
首都高速道路株式会社ウェブサイト　https://www.shutoko.jp/ss/nihonbashi-tikaka/
『東京の都市計画に携わって――元東京都首都整備局長・山田正男氏に聞く』財団法人東京都新都市建設公社まちづくり支援センター、二〇〇一年
首都交通対策審議会『答申書』東京都、一九六一年一一月
東京都交通局『都電』東京都交通局、一九七一年
「「日本の人口」平成17年国勢調査最終報告書」上巻、解説・資料編、第二章、人口の地域分布　https://www.stat.go.jp/data/kokusei/2005/nihon/mokuji.html
「「東京都の人口（推計）」の概要」二〇二一年一月一日現在　https://www.metro.tokyo.lg.jp/tosei/hodohappyo/press/2021/01/28/01.html
「中央区人口ビジョン　人口動向分析及び将来人口推計の概要」　https://www.city.chuo.lg.jp/kusei/kobetsukeikaku/kobetsukeikaku/zinkouvision.files/gaiyou.pdf
「整備新幹線について」国土交通省ウェブサイト　https://www.mlit.go.jp/tetudo/tetudo_fr1_00

0041.html
リニア中央新幹線ウェブサイト　https://linear-chuo-shinkansen.jr-central.co.jp/
市川宏雄・森記念財団都市戦略研究所『東京2025——ポスト五輪の都市戦略』東洋経済新報社、二〇一五年

第3章

中嶋久人『首都東京の近代化と市民社会』吉川弘文館、二〇一〇年
大和孝明「一八八一（明治一四）新聞紙上における東京府救済制度論争の展開」『社会事業史研究』三七、二〇〇九年一二月
石塚裕道『日本近代都市論——東京1868〜1923』東京大学出版会、一九九一年
横山源之助『日本の下層社会』岩波文庫、一九八五年、原著一八九八年
石塚裕道『東京の社会経済史——資本主義と都市問題』紀伊國屋書店、一九七七年
同潤会編『猿江裏町不良住宅地区改良事業報告』一九三〇年
中川清『日本の都市下層』勁草書房、一九八五年
宮地正人『日露戦後政治史の研究——帝国主義形成期の都市と農村』東京大学出版会、一九七三年
藤野裕子『民衆暴力——一揆・暴動・虐殺の日本近代』中公新書、二〇二〇年
松沢裕作『生きづらい明治社会——不安と競争の時代』岩波ジュニア新書、二〇一八年

馬場哲「ドイツ『社会都市』論の可能性」『社会経済史学』第七五巻第一号、二〇〇九年
馬場哲『ドイツ都市計画の社会経済史』東京大学出版会、二〇一六年
森宜人『失業を埋めもどす――ドイツ社会都市・社会国家の模索』名古屋大学出版会、二〇二二年
田口晃『ウィーン――都市の近代』岩波新書、二〇〇八年
山口由等『近代日本の都市化と経済の歴史』東京経済情報出版、二〇一四年
『大正昭和名古屋市史　第八巻　社会篇』名古屋市、一九五五年
町田祐一『近代都市の下層社会――東京の職業紹介所をめぐる人々』法政大学出版局、二〇一六年
安岡憲彦『近代東京の下層社会――社会事業の展開』明石書店、一九九九年
竹永三男「『行旅病人及行旅死亡人取扱法』施行後の東京府における「行き倒れ」とその対応行政に関する基礎的検討」『部落問題研究』二〇七、二〇一四年三月
竹永三男「戦前・戦時体制下の東京における「行き倒れ」の実態」『部落問題研究』二三五、二〇二〇年一二月
外村大『在日朝鮮人社会の歴史学的研究――形成・構造・変容』緑蔭書房、二〇〇四年
外村大「戦間期日本の都市における日本人と朝鮮人」中野隆生編『都市空間と民衆　日本とフランス』山川出版社、二〇〇六年
中村元『近現代日本の都市形成と「デモクラシー」――20世紀前期／八王子市から考える』吉田

書店、二〇一八年
姜徳相・琴秉洞編『現代史資料6　関東大震災と朝鮮人』みすず書房、一九六三年
田中正敬「東京における関東大震災時の流言と朝鮮人虐殺」伊藤俊介・小川原宏幸・愼蒼宇編『「下から」歴史像を再考する――全体性構築のための東アジア近現代史』有志舎、二〇二二年
中央防災会議　災害教訓の継承に関する専門調査会「災害教訓の継承に関する専門調査会報告書　二〇〇八年三月　一九二三　関東大震災【第2編】」内閣府ウェブサイト　https://www.bousai.go.jp/kyoiku/kyokun/kyoukunnokeishou/rep/1923_kanto_daishinsai_2/index.html
山田昭次「関東大震災時に虐殺された朝鮮人数の諸調査の検討」『関東大震災時の朝鮮人虐殺』創史社、二〇〇三年
加藤直樹『TRICK　「朝鮮人虐殺」をなかったことにしたかった人たち』ころから、二〇一九年
大木顕一郎・清水幸治編『綴方教室』中央公論社、一九三七年
豊田正子著・大木顕一郎編『続綴方教室』中央公論社、一九三九年
豊田正子『綴方教室』木鶏社、一九八四年
豊田正子著・山住正己編『新編　綴方教室』岩波書店、一九九五年
杉浦隆之「東四つ木残影」上野重光編『豊田正子を愛する会　会報第一〇号』二〇一七年一二月
有馬学「一九三〇～四〇年代の日本における文化表象の中の〈朝鮮人〉」『第二期日韓歴史共同研究報告書』第三分科会篇、日韓歴史共同研究委員会、二〇一〇年

『要給食児童調査』東京市役所、一九三三年
『要給食児童調査』東京市役所、一九三四年
『住込小店員・少年工調査』東京市役所、一九三七年三月
山住正已「解説」、豊田正子著・山住正已編『新編　綴方教室』岩波書店、一九九五年
大河内一男『戦時社会政策論』時潮社、一九四〇年
永野順造『国民生活の分析』時潮社、一九三九年
大川啓「近代民間福祉の出発」大門正克・長谷川貴彦編『「生きること」の問い方——歴史の現場から』日本経済評論社、二〇二二年
上野重光「豊田正子の作品紹介（6）『さえぎられた光』」豊田正子研究会『豊田正子研究』第一七号、二〇一四年一〇月
山辺昌彦「東京大空襲の実相と戦争孤児問題」浅井春夫・水野喜代志編『戦争孤児たちの戦後史3　東日本・満洲編』吉川弘文館、二〇二一年
浅井春夫「上野という集合地域と戦争孤児の体験」同上
『東京都政五十年史　事業史Ⅱ』東京都企画審議室調整部、一九九四年
『住宅五〇年史』東京都住宅局、一九九九年
『日本住宅公団史』日本住宅公団、一九八一年
「国家公務員の初任給の変遷　行政職俸給表一」人事院　https://www.jinji.go.jp/kyuuyo/kou/starting_salary.pdf

本岡拓哉『「不法」なる空間にいきる――占拠と立ち退きをめぐる戦後都市史』大月書店、二〇一九年
有沢広巳監修『昭和経済史』中、日本経済新聞社、一九九四年
加瀬和俊『集団就職の時代――高度成長のにない手たち』青木書店、一九九七年
「下町の太陽」山田洋次監督、松竹、一九六三年、DVD：松竹ビデオ事業室、二〇〇五年
江口英一・西岡幸泰・加藤佑治編著『山谷――失業の現代的意味』未来社、一九七九年
金沢大学日本史学研究室（能川泰治）編『かたりべ　第五集　大阪・釜ヶ崎』二〇一四年三月

第4章

源川真希「『市政浄化』の時代」『都市問題』第一一三巻第二号、二〇二二年二月
新藤浩伸『公会堂と民衆の近代――歴史が演出された舞台空間』東京大学出版会、二〇一四年
『東京市政調査会四十年史』東京市政調査会、一九六二年
『東京市政調査会／後藤・安田記念東京都市研究所百年史』公益財団法人後藤・安田記念東京都市研究所、二〇二二年
北原糸子『関東大震災の社会史』朝日選書、二〇一一年
中島直人『都市美運動――シヴィックアートの都市計画史』東京大学出版会、二〇〇九年
『都市美』復刻版、都市美協会、橋爪紳也編、不二出版、二〇〇七年
小野美里「東京都における『街をきれいにする運動』（昭和二九年）に関する基礎的考察」『東京

都公文書館調査研究年報』二〇一八年第四号
塚田博康『東京都の肖像——歴代知事は何を残したか』都政新報社、二〇〇二年

第5章

石塚裕道『東京の社会経済史——資本主義と都市問題』紀伊國屋書店、一九七七年
『東京市工場要覧』東京市役所、一九三三年
星野高徳「大正・昭和初期東京における屎尿処理の市営化」『近代日本研究』二五、福沢研究センター、二〇〇八年
星野高徳「戦前期東京市における屎尿流通網の再形成」『歴史と経済』第二二二号、第五六巻第二号、政治経済学・経済史学会、二〇一四年
松田忍「『世田谷』と下肥」昭和女子大学『学苑　近代文化研究所紀要』第九五九号、二〇二〇年九月
湯澤規子『ウンコはどこから来て、どこへ行くのか——人糞地理学ことはじめ』ちくま新書、二〇二〇年
『東京都財政史』下、東京都、一九六九年
東京都清掃局編『東京都清掃事業百年史』東京都清掃局総務部総務課、二〇〇〇年
東京下水道史探訪会（代表：地田修一、東京都下水道局）『江戸・東京の下水道のはなし』技報堂出版、一九九五年

アンドルー・ゴードン「戦前南葛地域における労働組合運動の展開」大原社会問題研究所『研究資料月報』第三二六号、一九八六年一月
三輪泰史『日本労働運動史序説――紡績労働者の人間関係と社会意識』校倉書房、二〇〇九年
横浜都市発展記念館・横浜開港資料館『港をめぐる二都物語』公益財団法人横浜市ふるさと歴史財団、二〇一四年
松下孝昭『軍隊を誘致せよ――陸海軍と都市形成』吉川弘文館、二〇一三年
中野良『日本陸軍の軍事演習と地域社会』吉川弘文館、二〇一九年
柳沢遊「高度成長期の衣服産業の展開」『同時代史研究』第六号、二〇一三年
森健一「一九三八年の自治擁護連盟と反英市民運動の展開」『歴史評論』第五四五号、一九九五年九月
三井逸友「大都市経済の構造変動」井上純一・加藤哲郎・鈴木浩・橋本和孝・三井逸友・吉原直樹『東京　世界都市化の構図』青木書店、一九九〇年
遠藤毅「東京低地における工場分布の変遷と二一世紀初頭の工場跡地の利用状況」『地学雑誌』第一一六巻第五号、二〇〇七年
「スマート東京実施戦略」東京都　https://www.metro.tokyo.lg.jp/tosei/hodohappyo/press/2020/02/07/12.html

第6章

初田亨『繁華街の近代――都市・東京の消費空間』東京大学出版会、二〇〇四年
加藤諭『戦前期日本における百貨店』清文堂出版、二〇一九年
吉見俊哉「博覧会と盛り場の明治」『都市のドラマトゥルギー――東京・盛り場の社会史』弘文堂、一九八七年
國雄行『博覧会の時代――明治政府の博覧会政策』岩田書院、二〇〇五年
『東京百年史』第四巻、東京都、一九七二年
櫻井良樹『大正政治史の出発――立憲同志会の成立とその周辺』山川出版社、一九九七年
加藤政洋『花街――異空間の都市史』朝日新聞社、二〇〇五年
小野沢あかね『近代日本社会と公娼制度――民衆史と国際関係史の視点から』吉川弘文館、二〇一〇年
川本三郎『荷風と東京――『断腸亭日乗』私註』都市出版、一九九六年
寺澤優「東京府の二大私娼窟形成にみる近代日本の売買春と管理体制」『日本史研究』第六二六号、二〇一四年一〇月
安野彰「明治・大正・昭和初期における東京近郊の遊園地の実態」『日本建築学会計画系論文集』第五一八号、一九九九年
安野彰「東京北郊における近代遊園地の開設と地域環境」『地方史研究』第五二巻第五号、二〇〇二年

梅田定宏「『日帰り行楽地』多摩の誕生」『パルテノン多摩歴史ミュージアム特別展　郊外行楽地の誕生』財団法人多摩市文化振興財団、二〇〇二年
高岡裕之「観光・厚生・旅行」赤澤史朗・北河賢三編『文化とファシズム――戦時期日本における文化の光芒』日本経済評論社、一九九三年
『帝都復興祭志』東京市役所、一九三二年
高野宏康「『震災の記憶』の変遷と展示」神奈川大学日本常民文化研究所　非文字資料研究センター『年報　非文字資料研究』6、二〇一〇年三月
高岡裕之「大日本体育会の成立」坂上康博・高岡裕之編著『幻の東京オリンピックとその時代――戦時期のスポーツ・都市・身体』青弓社、二〇〇九年
『紀元二千六百年記念日本万国博覧会概要』日本万国博覧会事務局、一九三八年
古川隆久『皇紀・万博・オリンピック――皇室ブランドと経済発展』中公新書、一九九八年
「大日本国防婦人会下谷御徒町分会　第一班、第二班記録」東京都立大学図書館蔵
初田香成「東京の戦後復興とヤミ市」橋本健二・初田香成編『盛り場はヤミ市から生まれた・増補版』青弓社、二〇一六年
石榑督和「新宿」同上
武田尚子『もんじゃの社会史――東京・月島の近・現代の変容』青弓社、二〇〇九年
三好豊太郎『草創期における社会事業の研究』明石書店、一九八九年

第7章

石塚裕道・成田龍一『東京都の百年』山川出版社、一九八六年
和田清美『大都市東京の社会学――コミュニティから全体構造へ』有信堂、二〇〇六年
「男はつらいよ」公式ウェブサイト https://www.cinemaclassics.jp/tora-san/
難波匡甫『東京下町低地の高潮対策に関する歴史的考察』法政大学エコ地域デザイン研究所、二〇一四年
草間八十雄「水上労働者の生活」『社会事業』第五巻第三号、一九二一年六月
草間八十雄著、磯村英一監修、安岡憲彦責任編集『近代都市下層社会Ⅰ 売春婦、被差別部落、寄子、水上生活者』明石書店、一九九〇年
「座談会 水上生活者問題について」『社会福利』第一七巻第七号、一九三三年七月、同上
『東京名所図会・芝区之部』宮尾しげを監修、睦書房、一九六九年、原典は「風俗画報臨時増刊 新選東京名所図会第九編〈一八九七年〉、第三三〜三四編〈一九〇二年〉」
『日本無線史 第二巻』電波監理委員会、一九五一年
東京都江戸東京博物館・読売新聞社・NHK・NHKプロモーション編『東京スカイツリー完成記念特別展 ザ・タワー――都市と塔のものがたり』江戸東京博物館、二〇一二年
細馬宏通『浅草十二階――塔の眺めと〈近代〉のまなざし』青土社、二〇〇一年
『丸の内百年のあゆみ 三菱地所社史』上巻、三菱地所株式会社、一九九三年
『丸の内百年のあゆみ 三菱地所社史』資料・年表・索引、三菱地所株式会社、一九九三年

「東京スカイツリーを知る」東京スカイツリーウェブサイト　https://www.tokyo-skytree.jp/about/role/
『東武鉄道六十五年史』東武鉄道、一九六四年
川端康成『浅草紅団・浅草祭』講談社、一九九六年、原著一九三〇年
『三井不動産七十年史』三井不動産株式会社、二〇一二年
長谷川徳之輔「アークヒルズ都市再開発にみる本音と建前」『自由と正義』第三九巻第五号、一九八八年
町村敬志「『世界都市』と呼ばれた時代」『同時代史研究』第一二号、二〇一九年
森泰吉郎「アークヒルズを超えて」『エコノミスト』一九八七年九月一五日
和田清美「二〇一〇年代巨大都市東京の地域変容」『同時代史研究』第一二号、二〇一九年
吉野源三郎『君たちはどう生きるか』岩波文庫、一九八二年、原著一九三七年

エピローグ

金子勝「福祉国家と新保守主義」渡辺治編『現代日本社会論』労働旬報社、一九九六年
森まゆみ『「谷根千」の冒険』ちくま文庫、二〇〇二年、原著一九九一年
ジョルダン・サンド（池田真歩訳）『東京ヴァナキュラー――モニュメントなき都市の歴史と記憶』新曜社、二〇二一年

その他

なお次の筆者の著作を、本書の叙述に利用している。特に東京の政治・行政、都市再開発については こちらも参照されたい。

源川真希『東京市政――首都の近現代史』日本経済評論社、二〇〇七年
源川真希『首都改造――東京の再開発と都市政治』吉川弘文館、二〇二〇年

本書に登場した場所、建物の写真、地図については、現在インターネットを使えばだいたいのものをみることができる。しかし情報の正確性や著作権の保護などの観点も含めて、以下のウェブサイトから史料や画像などを検索するのがよい。

東京都立図書館
「TOKYOアーカイブ」で写真などが閲覧できる。また「都市・東京の記憶　第3章　東京の記憶　リンク集」から東京の過去の姿の画像を公開しているウェブサイトを探すことができる。
https://archive.library.metro.tokyo.lg.jp/da/top
公益財団法人後藤・安田記念東京都市研究所　デジタルアーカイブス
https://www.timr.or.jp/library/degitalarchives.html

東京都公文書館　デジタルアーカイブ
https://www.soumu.metro.tokyo.lg.jp/01soumu/archives/0304digital_archives.html
「写真でひもとく街のなりたち　このまちアーカイブス」三井住友トラスト不動産
https://smtrc.jp/town-archives/index.html

ちくま新書
1727

東京史《とうきょうし》
——七《なな》つのテーマで巨大都市《きょだいとし》を読《よ》み解《と》く

二〇二三年五月一〇日　第一刷発行

著　者　源川真希（みながわ・まさき）
発行者　喜入冬子
発行所　株式会社　筑摩書房
東京都台東区蔵前二―五―三　郵便番号一一一―八七五五
電話番号〇三―五六八七―二六〇一（代表）
装幀者　間村俊一
印刷・製本　株式会社　精興社

ISBN978-4-480-07552-9 C0221

ちくま新書

532
靖国問題
高橋哲哉
戦後六十年を経て、なお問題でありつづける「靖国」を、具体的な歴史の場から見直し、それが「国家」の装置としていかなる役割を担ってきたのかを明らかにする。

1099
日本思想全史
清水正之
外来の宗教や哲学を受け入れ続けてきた日本人。その根底に流れる思想とは何か。古代から現代まで、この国のものの考え方のすべてがわかる、初めての本格的通史。

1146
戦後入門
加藤典洋
日本はなぜ「戦後」を終わらせられないのか。その核心にある「対米従属」「ねじれ」の問題の起源を世界戦争に探り、憲法九条の平和原則の強化による打開案を示す。

1658
愛国の起源
――パトリオティズムはなぜ保守思想となったのか
将基面貴巳
フランス革命の反体制思想は、いかにして保守の「愛国」思想を生んだのか？　古代ローマにおける起源から明治日本での受容まで、その思想的変遷を解き明かす。

650
未完の明治維新
坂野潤治
明治維新は〈富国・強兵・立憲主義・議会論〉の四つの目標が交錯した「武士の革命」だった。それは、どう実現されたのだろうか。史料で読みとく明治維新の新たな実像。

948
日本近代史
坂野潤治
この国が革命に成功し、わずか数十年でめざましい近代化を実現しながら、やがて崩壊へと突き進まざるをえなかったのはなぜか。激動の八〇年を通観し、捉えなおす。

1136
昭和史講義
――最新研究で見る戦争への道
筒井清忠編
なぜ昭和の日本は戦争へと向かったのか。複雑きわまる戦前期を正確に理解すべく、俗説を排して信頼できる史料に依拠。第一線の歴史家たちによる最新の研究成果。

ちくま新書

1144
地図から読む江戸時代
上杉和央
空間をどう認識するかは時代によって異なる。その違いを象徴するのが「地図」だ。古地図を読み解き、日本の形を作った時代精神を探る歴史地理学の書。図版資料満載。

1161
皇室一五〇年史
浅見雅男
岩井克己
歴代天皇を悩ませていたのは何だったのか。皇位継承、宮家消滅、結婚トラブル、財政問題——様々な確執やスキャンダルを交え、近現代の皇室の真の姿を描き出す。

1184
昭和史
古川隆久
日本はなぜ戦争に突き進んだのか。私たちは、何を失い、何を手にしたのか。開戦から敗戦、復興、そして高度成長へと至る激動の64年間を、第一人者が一望する決定版!

1194
昭和史講義2
——専門研究者が見る戦争への道
筒井清忠編
なぜ戦前の日本は破綻への道を歩んだのか。その原因をより深く究明すべく、二十名の研究者が最新研究の成果を結集する。好評を博した昭和史講義シリーズ第二弾。

1210
日本震災史
——復旧から復興への歩み
北原糸子
度重なる震災は日本社会をいかに作り替えてきたのか。有史以来、明治までの震災の復旧・復興の事例に焦点を当て、史料からこの国の災害対策の歩みを明らかにする。

1219
江戸の都市力
——地形と経済で読みとく
鈴木浩三
天下普請、参勤交代、水運網整備、地理的利点、統治システム、所得の再分配……地形と経済の観点を中心として、未曾有の大都市に発展した江戸の秘密を探る!

1266
昭和史講義3
——リーダーを通して見る戦争への道
筒井清忠編
昭和のリーダーたちの決断はなぜ戦争へと結びついたのか。近衛文麿、東条英機ら政治家・軍人のキーパーソン15名の生い立ちと行動を、最新研究によって跡づける。

ちくま新書

1308 オリンピックと万博 ――巨大イベントのデザイン史　暮沢剛巳

二〇二〇年東京五輪のメインスタジアムやエンブレムのコンペをめぐる混乱。巨大国家イベントの開催意義とは何なのか？　戦後日本のデザイン戦略から探る。

1318 明治史講義【テーマ篇】　小林和幸編

信頼できる研究を積み重ねる実証史家の知を結集。20のテーマで明治史研究の論点を整理し、変革と跳躍の時代を最新の観点から描き直す。まったく新しい近代史入門。

1319 明治史講義【人物篇】　筒井清忠編

西郷・大久保から乃木希典まで明治史のキーパーソン22人を、気鋭の専門研究者が最新の知見をもとに徹底分析。確かな実証に基づく、信頼できる人物評伝集の決定版。

1341 昭和史講義【軍人篇】　筒井清忠編

戦争の責任は誰にあるのか。東条英機、石原莞爾、山本五十六ら、戦争を指導した帝国陸海軍の軍人たちの実像を最新研究をもとに描きなおし、その功罪を検証する。

1385 平成史講義　吉見俊哉編

平成とは、戦後日本的なものが崩れ落ち、革新の試みが挫折した30年間だった。政治、経済、雇用、メディア。第一線の研究者がその隘路と活路を描く決定版通史。

1475 歴史人口学事始め ――記録と記憶の九〇年　速水融

二〇一九年に逝去した歴史人口学の泰斗・速水融の遺著。欧州で歴史人口学と出会い、日本近世経済史の知られざる姿を明らかにした碩学が激動の時代を振り返る。

1508 昭和史講義【戦後篇】（上）　筒井清忠編

実証研究に基づき最先端の研究者が執筆する『昭和史講義』シリーズがいよいよ戦後に挑む。上巻は占領期から55年体制の成立まで、全20講で幅広いテーマを扱う。

ちくま新書

1509
昭和史講義【戦後篇】（下）
筒井清忠編
最先端の実証研究者による『昭和史講義』シリーズ戦後篇。下巻は55年体制成立以降、主に一九五〇年代後半から高度成長期を経て昭和の終わりまでを扱う全21講。

1513
明治憲法史
坂野潤治
近代日本が崩壊へと向かう過程において、憲法体制は本当に無力であるほかなかったのか。明治国家の建設から総力戦の時代まで、この国のありようの根本をよみとく。

1516
渋沢栄一
――日本のインフラを創った民間経済の巨人
木村昌人
日本の産業基盤と民主化を創出した「民間」の巨人、渋沢の生涯とその思想の全貌に迫る決定版。東アジアの一国がどう時代を切り拓くかを熟考したリーダーの軌跡。

1567
氏名の誕生
――江戸時代の名前はなぜ消えたのか
尾脇秀和
私たちの「氏名」はいつできたのか？　明治政府が行った改革が、江戸時代の常識を破壊し大混乱を巻き起こす。気鋭の研究者が近世・近代移行期の実像を活写する。

1589
大正史講義
筒井清忠編
大衆の台頭が始まり、激動の昭和の原点ともなった大正時代。その複雑な歴史を26の論点で第一線の研究者が最新の研究成果を結集して解説する。決定版大正全史。

1590
大正史講義【文化篇】
筒井清忠編
新たな思想や価値観、生活スタイルや芸術文化が生まれた大正時代。百花繚乱ともいえるこの時代の文化を、最新研究の成果を盛り込み第一級の執筆陣24名が描き出す。

1596
関東大震災「虐殺否定」の真相
――ハーバード大学教授の論拠を検証する
渡辺延志
関東大震災直後に報道された、朝鮮人虐殺を正当化する様々なフェイクニュースが、現代の虐殺否定論を生んだ。長年新聞社に勤めた著者が、報道の責任を総括する。

ちくま新書

1631 全国水平社　1922-1942
――差別と解放の苦悩
朝治武

人の世に熱あれ！　人間に光あれ！　部落差別からの解放を訴えて結成された全国水平社。戦時体制下に消滅するまでの組織、思想、運動、人、その全体像に迫る。

1657 明治史講義【グローバル研究篇】
瀧井一博編

日本の近代化はいかに成し遂げられ、それは世界史にどう位置づけられているのか。国際的研究成果を結集し、日本人が知らない明治維新のインパクトを多面的に描く。

1665 昭和史講義【戦後文化篇】（上）
筒井清忠編

計7冊を刊行してきた『昭和史講義』シリーズの掉尾を飾る戦後文化篇。上巻では主に思想や運動、文芸を扱い、18人の第一線の研究者が多彩な文化を描き尽くす。

1666 昭和史講義【戦後文化篇】（下）
筒井清忠編

昭和史講義シリーズ最終刊の下巻では、戦後に黄金期を迎えた日本映画界を中心に、映像による多彩な大衆文化・サブカルチャーを主に扱う。昭和史研究の総決算。

1712 東北史講義【古代・中世篇】
東北大学日本史研究室編

辺境の地として倭人の大国に侵食された古代。豊かな天然資源が交易を支え、活発な交流が多様で独自性に富んだ地域を形成した中世。東北の成り立ちを読み解く。

1713 東北史講義【近世・近現代篇】
東北大学日本史研究室編

米穀供給地として食を支え、近代以降は学都・軍都として人材も輩出、戦後は重工業化が企図された。度重なる災害も念頭に、中央と東北の構造を立体的に描き出す。

1636 ものがたり戦後史
――「歴史総合」入門講義
富田武

既成の教科書にはない歴史研究の最新知見を盛り込みつつ、日本史と世界史を融合。二〇二二年四月から高校で始まる新科目「歴史総合」を学ぶための最良の参考書。